文典古籍丛书

陆建华◇著

《老子》注译与思想世界

安徽师范大学出版社
ANHUI NORMAL UNIVERSITY PRESS

·芜湖·

图书在版编目(CIP)数据

《老子》注译与思想世界/陆建华著. —芜湖:安徽师范大学出版社,2022.7
　　ISBN 978-7-5676-5653-6

　　Ⅰ.①老… Ⅱ.①陆… Ⅲ.①道家②《道德经》—研究 Ⅳ.①B223.15

　　中国版本图书馆CIP数据核字(2022)第095227号

《老子》注译与思想世界
LAOZI ZHUYI YU SIXIANG SHIJIE

陆建华◎著

责任编辑:陈贻云　　　　责任校对:戴兆国
装帧设计:丁奕奕　　　　责任印制:桑国磊
出版发行:安徽师范大学出版社
　　　　　芜湖市北京东路1号安徽师范大学赭山校区
网　　址:http://www.ahnupress.com
发 行 部:0553-3883578　5910327　5910310(传真)
印　　刷:苏州市古得堡数码印刷有限公司
版　　次:2022年7月第1版
印　　次:2022年7月第1次印刷
规　　格:880 mm × 1230 mm　　　1/32
印　　张:7.75
字　　数:158千字
书　　号:ISBN 978-7-5676-5653-6
定　　价:46.80元

说　明

本书所用《老子》为王弼本《老子》，以《王弼集校释》（王弼著，楼宇烈校释，中华书局2015年版）为准，标点有改动。

本书由两个部分构成，第一个部分是"《老子》注译"，第二个部分是"《老子》的思想世界"。关于《老子》的注释，尽量简洁；关于《老子》的翻译，尽量直译；关于《老子》思想的研究，以《老子》思想中的重要范畴为核心。这是本书的特色。

由于老子留下来的著作只有《老子》，所以，所谓"《老子》的思想世界"其实也就是"老子的思想世界"。这是需要说明的。

我是先写"《老子》的思想世界"，然后才去注译《老子》的，如果"《老子》的思想世界"中对《老子》文本的解读跟"《老子》注译"中对《老子》文本的解读不一致，当以"《老子》注译"中对《老子》文本的解读为准。

目　录

// 下卷：《老子》的思想世界

上卷

《老子》注译

一章

　　道可道，非常①道；名可名②，非常名。无③，名天地之始；有④，名万物之母⑤。故常无，欲⑥以⑦观其妙⑧；常有，欲以观其徼⑨。此两者⑩同⑪出⑫而异名，同⑬谓之玄。玄⑭之又玄，众妙之门。

---

① 常：永久的，永恒的。

② 名：称说。

③ 无：这里指"道"。

④ 有：这里指"道"。

⑤ 母：根源。

⑥ 欲：想要。

⑦ 以：用来。

⑧ 妙：微妙，神妙。

⑨ 徼（jiào）：边界。

⑩ 此两者：指"无"和"有"，或者说"常无"和"常有"。

⑪ 同：相同，一样。

⑫ 出：产生。

⑬ 同：都。

⑭ 玄：玄妙。

【译文】

道可以说出，不是常道；名可以称说，不是常名。无，称说天地的开始；有，称说万物的根源。所以常无，想要用来观察它的微妙；常有，想要用来观察它的边界。这两者产生处相同而名称不同，都称它们为玄。玄妙而又玄妙，是众多微妙的大门。

二章

天下皆知美之为美，斯①恶②已；皆知善之为善，斯不善已。故有无相生，难易相成，长短相较，高下相倾③，音声相和，前后相随。是以圣人处无为之事，行④不言之教，万物作⑤焉而不辞，生而⑥不有⑦，为⑧而不恃⑨，功成而弗居⑩。夫唯⑪弗居，是以不去。

【译文】

天下人都知道美之所以为美，就知道丑了；都知道善之所以为善，就知道不善了。所以有和无相互生成，难和易相

---

① 斯：就。

② 恶：丑。

③ 倾：排斥。

④ 行：从事。

⑤ 作：兴起。

⑥ 而：却。

⑦ 有：占有。

⑧ 为：治理。

⑨ 恃：依赖，依靠。

⑩ 居：占据。

⑪ 唯：由于。

互形成，长和短相互比较，高和下相互排斥，音和声相互和谐，前和后相互伴随。因此圣人处理无为的事情，从事不言的教化，使万物兴起而不推辞，生出却不占有，治理却不依赖，功业完成却不占据。由于不占据，因此不失去。

三章

不尚贤，使民不争；不贵①难得之货，使民不为②盗；不见③可欲，使民心不乱。是以圣人之治，虚其心④，实⑤其腹，弱其志，强⑥其骨⑦，常⑧使民无知无欲，使夫智者不敢为也。为无为，则无不治。

【译文】

不崇尚贤者，使民众不争夺；不看重难得之货，使民众不变成盗贼；不显露可以引起欲望之物，使民众心思不乱。因此圣人之治就是要空虚民众的心灵，填满民众的肚子，削弱民众的志向，增强民众的体质，常使民众无知无欲，使智者不敢有为。把无为当作为，就没有治理不好的。

---

① 贵：重视，看重。

② 为：变成。

③ 见（xiàn）：出现，这里指显露、露出。

④ 心：心灵。

⑤ 实：充满。

⑥ 强：加强，增强。

⑦ 骨：骨骼，这里指体质。

⑧ 常：经常，常常。

四章

　　道冲①，而②用之或③不盈④；渊兮，似万物之宗⑤。挫⑥其锐⑦，解⑧其纷，和⑨其光，同⑩其尘⑪。湛兮，似或⑫存。吾不知谁之子，象帝之先⑬。

---

①冲：空虚。

②而：可是。

③或：又。

④盈：充满。

⑤宗：祖宗，祖先。

⑥挫：折损。

⑦锐：锐利。

⑧解：排解。

⑨和：和谐。

⑩同：和。

⑪尘：尘土，灰尘。这里指道中精细的东西，与"其中有精，其精甚真"（《老子·二十一章》）中的"精"、"冲气以为和"（《老子·四十二章》）中的"冲气"意思相同。

⑫或：又。

⑬先：祖先。

【译文】

　　道空虚，可是用它又不充满；渊深啊，好像万物的祖先。折损它的锐利，排解它的杂乱，和谐它的光芒，谐和它的尘土。深湛啊，似乎没有又实存。我不知道它是谁之子，好像是上帝的祖先。

五章

天地不①仁，以万物为刍狗②；圣人不仁，以百姓为刍狗。天地之间其③犹④橐籥⑤乎？虚而不屈⑥，动而愈⑦出⑧。多言数⑨穷⑩，不如守⑪中。

【译文】

天地没有仁德，把万物看作刍狗；圣人没有仁德，把百姓看作刍狗。天地之间大概犹如风箱吗？空虚风却不会竭尽，动起来风却产生更多。多说话加速困厄，不如保持适中。

---

① 不：无，没有。

② 刍狗：用草扎成的狗。古人祭祀时用之，祭祀完弃之，对之没有爱恨之情。

③ 其：句中语气词，表示揣测。

④ 犹：如同，好像。

⑤ 橐（tuó）籥（yuè）：风箱。

⑥ 屈（jué）：竭，尽。

⑦ 愈：越，更加。

⑧ 出：产生。

⑨ 数（sù）：通"速"。

⑩ 穷：困厄，窘迫。

⑪ 守：保持，保有。

六章

谷神①不死，是谓玄牝②。玄牝之门，是谓天地根。绵绵若存，用之不勤③。

【译文】

谷神不死，这叫作玄牝。玄牝之门，这叫作天地之根。它连绵不断若存若亡，用它用不尽。

----

① 谷神：河谷之神，这里指"道"。

② 玄牝：玄妙的雌性，这里指"道"。

③ 勤：用尽。

七章

天长地久。天地所以能长且久者，以①其不自生，故能长生。是以圣人后其身②而身先，外③其身而身存。非以其无私邪？故能成其私。

【译文】

天长地久。天地之所以能够长久，是因为其不为自己而生，所以能够长生。因此圣人置自身于后反而能够领先，抛弃其自身反而能够使其自身保全。不是因为他无私吗？所以能够成就其私。

---

① 以：因为。
② 身：自身，自己。
③ 外：抛弃。

八章

上善若水。水善利万物而不争，处众人之所恶[1]，故几[2]于道。居[3]善地，心善渊，与[4]善仁，言善信[5]，正[6]善治[7]，事善能，动善时。夫唯[8]不争，故无尤[9]。

【译文】

上等的善好像水那样。水善于对万物有利而不争，处于众人所厌恶的地方，所以接近于道。居住善于选择地方，存心善于保持渊静，结交善于持守仁德，说话善于讲信用，为政善于治理得好，做事善于发挥才能，行动善于利用时机。由于不争，所以没有过错。

---

① 恶（wù）：讨厌，厌恶。

② 几：接近。

③ 居：居住。

④ 与：结交。

⑤ 信：讲信用。

⑥ 正：通"政"。

⑦ 治：治理得好。

⑧ 唯：由于。

⑨ 尤：过错。

九章

持而盈之，不如其已①；揣②而棁③之，不可长保。金玉满堂，莫④之能守；富贵而骄⑤，自遗⑥其咎⑦。功⑧遂⑨身⑩退⑪，天之道。

【译文】

执持而使之盈满，不如停止；捶击而使之锐利，不可以长久保住。金玉满堂，没有谁能够守住；富贵而自满，自己遗留给自己灾祸。事业成功自己就离去，是天之道。

---

① 已：停止。

② 揣（zhuī）：捶击。

③ 棁（ruì）：通"锐"。

④ 莫：没有谁。

⑤ 骄：自满，自高自大。

⑥ 遗：遗留。

⑦ 咎：灾祸。

⑧ 功：功业，事业。

⑨ 遂：成功。

⑩ 身：自身，自己。

⑪ 退：离去。

十章

载①营魄②抱③一④，能无离乎？专⑤气致柔，能婴儿乎？涤除⑥玄览⑦，能无疵⑧乎？爱民治国，能无知⑨乎？天门⑩开阖，能无雌乎？明白⑪四达⑫，能无为乎？生之畜⑬之。生而不有，为⑭而不恃⑮，长⑯而不宰，是谓玄⑰德。

---

① 载：语气助词。

② 营魄：指魂魄。

③ 抱：持守。

④ 一：这里指"道"。

⑤ 专：专一。

⑥ 涤除：清除。

⑦ 玄览：深察。

⑧ 疵：缺点。

⑨ 知（zhì）：通"智"。

⑩ 天门：这里指"道"。

⑪ 明白：知道，了解。

⑫ 四达：通达四方。

⑬ 畜：养育。

⑭ 为：治理。

⑮ 恃：依赖，依靠。

⑯ 长：抚养。

⑰ 玄：玄妙的。

【译文】

魂魄持守一，能不分离吗？专一于气以达到柔弱，能像婴儿一样吗？清除杂念以深察，能没有缺点吗？爱民治国，能没有智慧吗？天门开关，能没有雌性的因素吗？知道通达四方，能没有有为吗？生出它养育它。生出却不占有，治理却不依赖，抚养却不主宰，这叫作玄德。

三十辐共一毂，当其无^①，有车之用。埏^②埴^③以为器^④，当其无，有器之用。凿户牖以为室，当其无，有室之用。故有之以为^⑤利^⑥，无之以为用^⑦。

【译文】

三十根辐条共用一个毂，当它有空的地方，才有车的作用。用水和陶土以制作陶器，当它有空的地方，才有陶器的作用。凿出门窗以建造房屋，当它有空的地方，才有房屋的作用。所以有作为功用，无作为作用。

① 无：空，空隙。
② 埏（shān）：用水和泥土。
③ 埴（zhí）：制作陶器用的黏土。
④ 器：陶器。
⑤ 以为：作为，用作。
⑥ 利：功用。
⑦ 用：作用。

十二章

五色令①人目盲，五音令人耳聋，五味令人口爽②，驰骋③畋猎令人心发狂，难得之货令人行妨④。是以圣人为腹不为目，故去⑤彼取⑥此⑦。

【译文】

五色使人眼睛看不见，五音使人耳朵听不见，五味使人口受伤，驰马打猎使人心发狂，难得的货物使人行为受到伤害。因此圣人只为肚子不为眼睛，所以去掉彼而选取此。

---

① 令：使。

② 爽：败坏。

③ 驰骋：驰马。

④ 妨：损害，伤害。

⑤ 去：去掉，除掉。

⑥ 取：选取。

⑦ 此句是说，要去掉"为目"，选取"为腹"。

宠辱若惊，贵①大患若身。何谓宠辱若惊？宠为下，得之若惊，失之若惊，是谓宠辱若惊。何谓贵大患若身？吾所以有大患者，为吾有身，及②吾无身，吾有何患？故贵以身为③天下，若④可寄⑤天下；爱⑥以身为天下，若可托⑦天下。

【译文】

面对宠爱和屈辱都好像受到惊吓，重视大患好像重视身体一样。什么叫面对宠爱和屈辱都好像受到惊吓？宠爱是下等的，得到它好像受到惊吓，失去它好像受到惊吓，这叫作宠辱若惊。什么叫重视大患好像重视身体一样？我之所以有大患，是因为我有身体，当我没有身体，我有什么患？所以

---

① 贵：重视。

② 及：当。

③ 为：治理。

④ 若：才。

⑤ 寄：托付。

⑥ 爱：喜爱。

⑦ 托：托付。

重视以身治理天下，才可以托付天下给他；喜爱以身治理天下，才可以托付天下给他。

视之①不见，名②曰夷；听之不闻，名曰希；搏③之不得，名曰微。此三者不可致④诘⑤，故⑥混⑦而为一。其上不皦⑧，其下不昧⑨，绳绳⑩不可名⑪，复归⑫于⑬无物。是谓无状之状、无物之象，是谓惚恍。迎之不见其首，随之不见其后。执⑭古之道以御⑮今之有，能知古始，是谓道纪⑯。

① 之：这里指"道"。

② 名：命名。

③ 搏：抓。

④ 致：给予。

⑤ 诘：追问，责问。

⑥ 故：通"固"，本来。

⑦ 混：掺合在一起。

⑧ 皦（jiǎo）：明亮。

⑨ 昧：暗，昏暗。

⑩ 绳（mǐn）绳：模糊不清。

⑪ 名：称说。

⑫ 复归：返回。

⑬ 于：到。

⑭ 执：掌握。

⑮ 御：治理。

⑯ 纪：准则。

【译文】

看它看不见，给它取名叫夷；听它听不见，给它取名叫希；抓它抓不到，给它取名叫微。这三者不可以给予追问，本来是混同为一体的。它的上面不明亮，它的下面不昏暗，模糊不清而不可以言说，返回到无物的状态。这叫作没有形状所具有的形状、没有物体所具有的貌相，这叫作惚恍。迎着它却看不见它的前部，跟随它却看不见它的后部。掌握自古就有的道用以治理现在的物，能够知道古代的开始，这叫作道的准则。

古之善为士者，微①妙②玄③通④，深⑤不可识。夫唯⑥不可识，故强⑦为之容⑧：豫⑨兮，若冬涉川；犹⑩兮，若畏⑪四邻；俨兮，其若容⑫；涣兮，若冰之将释⑬；敦兮，其若朴；旷⑭兮，其若谷⑮；混⑯兮，其若浊⑰。孰能浊以静之徐

---

① 微：微妙。

② 妙：玄妙。

③ 玄：玄妙。

④ 通：通达。

⑤ 深：深奥。

⑥ 唯：由于。

⑦ 强：勉强。

⑧ 容：打扮。

⑨ 豫：犹豫。

⑩ 犹：踌躇疑惧。

⑪ 畏：害怕。

⑫ 容：当据马王堆帛书本《老子》甲本、乙本以及河上公本《老子》作"客"。

⑬ 释：消融，融化。

⑭ 旷：辽阔，空阔。

⑮ 谷：山谷。

⑯ 混：糊涂，愚昧。

⑰ 浊：混浊，这里指混浊的水。

清？孰能安^①以久^②动之徐生^③？保此道者不欲^④盈^⑤。夫唯不盈，故能蔽^⑥不^⑦新成。

【译文】

古代善于为士的人，微妙、通达，深奥得不可以认识。由于不可以认识，所以勉强为他打扮：犹豫不决啊，好像冬天蹚水过河；踌躇疑惧啊，好像害怕前后左右的邻居；庄重啊，他好像作客；散开啊，好像冰将要融化；敦厚啊，他好像未加工过的木材；空阔啊，他好像山谷；糊涂啊，他好像混浊的水。谁能使混浊的水静下来并使之慢慢变得清澈？谁能使平静的水动起来并使之慢慢有活力？保持这个道的人不想要圆满。由于不圆满，所以能够保有破旧的而不要新成的。

---

① 安：平静，这里与"浊"相对，指平静的水。

② 从王弼的注文"浊以静，物则清；安以动，物则得生"来看，"久"是衍字，当删。

③ 生：具有活力的。

④ 欲：想要。

⑤ 盈：圆满。

⑥ 蔽：通"敝"，破旧。

⑦ 不：有的学者认为当作"而"，理由是篆文"不""而"因形近而误。其实，根据帛书《老子》乙本"而不成"以及《淮南子·道应训》引老子语"而不新成"可知，作"不"是正确的，如果改成"而"，不合老子意。

致①虚极，守②静笃③。万物并④作，吾以观复。夫物芸芸⑤，各复归⑥其根⑦。归⑧根曰静，是谓复⑨命，复命曰常⑩，知常曰明⑪。不知常，妄作，凶。知常容⑫，容乃公，公乃王，王乃天，天乃道，道乃久，没身⑬不殆⑭。

---

① 致：达到。

② 守：保持，保有。

③ 笃：坚定。

④ 并：一起。

⑤ 芸芸：形容众多。

⑥ 复归：返回。

⑦ 根：这里指"道"。

⑧ 归：返回。

⑨ 复：回归。

⑩ 常：常规，准则。

⑪ 明：英明，明智，高明。

⑫ 容：宽容。

⑬ 没（mò）身：终身。

⑭ 殆：危险。

【译文】

达到虚的极限，保持静的坚定。万物一起兴起，我以此观察万物的回归。物众多，各自返回它们的根。返回根叫作静，这叫作复命，复命叫作常，知道常叫作明。不知道常，胡乱做事，结果就是凶。知道常才能宽容，宽容才能公正，公正才能成为王，成为王才能合乎天，合乎天才能合乎道，合乎道才能长久，终身没有危险。

太①上，下②知有之；其次，亲而誉之；其次，畏③之；其次，侮④之。信⑤不足焉，有不信⑥焉。悠兮，其⑦贵言。功成事遂⑧，百姓皆谓我自然。

【译文】

最好的君王，百姓知道有他；次一等的君王，百姓亲近而赞美他；更次一等的君王，百姓害怕他；最次一等的君王，百姓轻慢他。君王信用不足，才有百姓的不相信。悠闲啊，最好的君王重视言说。功业完成、事情成功，百姓都说是我们自己这样。

① 太：最，极。

② 下：在下位的人，这里指百姓。

③ 畏：害怕。

④ 侮：轻慢，怠慢。

⑤ 信：信用。

⑥ 信：相信。

⑦ 其：他，这里指最好的君王。

⑧ 遂：成功。

大道废①，有②仁义；慧智出，有大伪③；六亲④不和，有孝慈；国家昏乱，有忠臣。

【译文】

大道衰微，产生仁义；智慧出现，产生强力有为；六亲不和，产生孝慈；国家昏乱，产生忠臣。

---

① 废：衰微，衰败。

② 有：产生。

③ 伪：人为。

④ 六亲：六种亲属，究竟指哪六种亲属，说法不一，泛指亲属。

绝①圣弃智，民利百倍；绝仁弃义，民复②孝慈；绝巧弃利，盗贼无有。此三者以为③文④不足⑤，故令⑥有所属⑦：见⑧素抱朴⑨，少私寡⑩欲。

【译文】

消灭圣、抛弃智，民众的利益就会提高百倍；消灭仁、抛弃义，民众就会回归孝慈；消灭巧、抛弃利，盗贼就会没有。这三者作为法令条文不够，所以使人们有所归属：呈现朴素、怀抱本真，减少私心、减少欲望。

———————————

① 绝：灭，消灭。

② 复：回归。

③ 以为：作为，用作。

④ 文：法令条文。

⑤ 足：足够。

⑥ 令：使。

⑦ 属：归属。

⑧ 见（xiàn）：同"现"，显现。

⑨ 朴：本真。

⑩ 寡：少。

二十章

　　绝①学②无忧。唯③之与阿④，相去⑤几何？善之与恶，相去若何⑥？人之所畏⑦，不可不畏。荒⑧兮，其未央⑨哉！众人熙熙⑩，如享太牢⑪，如春登台。我独⑫泊⑬兮，其未兆，如婴儿之未孩⑭。儽儽⑮兮，若无所归。众人皆有余，

――――――――――

① 绝：灭，消灭。

② 学：学问，这里指关于礼乐文化方面的知识。

③ 唯（wěi）：应答声。

④ 阿（hē）：通"呵"，斥责。

⑤ 去：距。

⑥ 若何：怎样。

⑦ 畏：害怕。

⑧ 荒：迷乱。

⑨ 央：尽。

⑩ 熙熙：安乐的样子。

⑪ 太牢：古代帝王、诸侯祭祀社稷时，牛、羊、豕三牲全备为"太牢"。

⑫ 独：独自。

⑬ 泊（bó）：安静。

⑭ 孩：小儿笑。

⑮ 儽（léi）儽：疲困的样子。

而我独若遗^①。我愚人之心也哉！沌沌^②兮！俗人昭昭^③，我独昏昏^④；俗人察察^⑤，我独闷闷^⑥。澹^⑦兮，其若海；飂^⑧兮，若无止。众人皆有以^⑨，而我独顽^⑩似鄙^⑪。我独异于人，而^⑫贵^⑬食^⑭母。

【译文】

消灭学问就没有担忧。应答与斥责相距多少？善与恶相距怎样？别人所害怕的，不可以不害怕。迷乱啊，它没有尽头！众人安乐的样子，如同享用太牢，如同春天登台远望。我独自安静啊，它没有征兆，如同婴儿还不会笑。疲困的样子啊，好像没有归宿处。众人都有余，而我独自好像遗漏。我是愚人的心啊！蒙昧无知的样子啊！俗人明白，我独自糊

①遗：遗漏。

②沌沌：蒙昧无知的样子。

③昭昭：明白。

④昏昏：糊涂的样子。

⑤察察：明辨。

⑥闷闷：愚昧的样子。

⑦澹（dàn）：安静。

⑧飂（liù）：飘。

⑨有以：有为。

⑩顽：愚蠢。

⑪鄙：浅陋。

⑫而：并且。

⑬贵：重视。

⑭食：接受。

涂；俗人明辨，我独自愚昧。安静啊，他好像大海；飘泊啊，好像没有停止。众人都有为，而我独自愚蠢又似乎浅陋。我独自异于他人，并且重视接受道。

二十一章

　　孔①德之容，惟道是从②。道之为③物，惟恍④惟惚⑤。惚兮恍兮，其中有象⑥；恍兮惚兮，其中有物⑦；窈⑧兮冥⑨兮，其中有精，其精甚真，其中有信⑩。自古及今，其名不去，以⑪阅众甫⑫。吾何以知众甫之状⑬哉？以此。

【译文】

　　大德的容貌，只顺从道。道作为物，是模糊不清的。模

———————————

① 孔：大。

② 从：顺从，听从。

③ 为：作为。

④ 恍：模糊，不清楚。

⑤ 惚：模糊，不清楚。

⑥ 象：相貌。

⑦ 物：实质内容。

⑧ 窈：幽深，深远。

⑨ 冥：昏暗。

⑩ 信：应验。

⑪ 以：用来。

⑫ 甫：开始。

⑬ 状：情形。

糊不清啊，它的里面有相貌；模糊不清啊，它的里面有实质内容；深远昏暗啊，它的里面有精细的东西，它的精细的东西很真实，它的里面有可应验的东西。从古到今，它的名称没有失掉，用来察看众多的物的开始。我用什么知道众多的物的开始的情形呢？用这个。

　　"曲①则②全，枉③则直，洼则盈，敝则新，少则得，多则惑。"是以圣人抱④一为天下式⑤。不自见，故明⑥；不自是⑦，故彰⑧；不自伐⑨，故有功；不自矜⑩，故长⑪。夫唯⑫不争，故天下莫⑬能与之争。古之所谓"曲则全"者，岂虚⑭言哉？诚⑮全而⑯归之。

――――――――

① 曲：委曲。

② 则：然而。

③ 枉：弯曲。

④ 抱：持守。

⑤ 式：法式，标准。

⑥ 明：视力好。

⑦ 是：正确。

⑧ 彰：显扬。

⑨ 伐：夸耀。

⑩ 矜：骄傲，自负。

⑪ 长：当首领。

⑫ 唯：由于。

⑬ 莫：没有谁。

⑭ 虚：虚假。

⑮ 诚：确实，的确。

⑯ 而：并且。

【译文】

"委曲然而会保全，弯曲然而会挺直，低凹然而会充满，破旧然而会出新，量少然而会得到，量多然而会迷惑。"因此圣人持守道做天下的法式。不自以为看得见，所以看得清；不自以为正确，所以显扬；不自己夸耀，所以有功；不自傲，所以当首领。由于不争，所以天下没有谁能够与之争。古时所说的"委曲然而会保全"等话，难道是假话吗？确实保全并且归于它。

希①言自然。故飘风②不终③朝，骤雨不终日。孰为此者？天地。天地尚不能久，而况④于人乎？故从事于道者：道者同于道，德者同于德，失者⑤同于失⑥。同于道者，道亦乐得之；同于德者，德亦乐得之；同于失者，失亦乐得之。信⑦不足焉，有不信⑧焉。

①希：少。

②飘风：旋风。

③终：尽，全。

④而况：何况。

⑤失者：这里指"失道、失德者"。

⑥失：这里指"失道""失德"。联系《老子·三十八章》所云："失道而后德，失德而后仁，失仁而后义，失义而后礼。夫礼者，忠信之薄而乱之首"，可知，"失"或者说"失道""失德"意味着得到"礼"，"失者"或者说"失道、失德者"指得到礼者。这意味着，"失者同于失"指"礼者同于礼"，"同于失者，失亦乐得之"指"同于礼者，礼亦乐得之"。

⑦信：信用。

⑧信：相信。

【译文】

少说话合乎自然。所以旋风刮不到一个早晨，骤雨下不到一整天。谁做这些？天地。天地尚且不能使旋风骤雨长久，何况于人呢？所以从事于求道的人：得到道的人与道相同，得到德的人与德相同，丧失的人与丧失相同。与道相同的人，道也乐意得到他；与德相同的人，德也乐意得到他；与丧失相同的人，丧失也乐意得到他。信用不足，才有不相信啊。

企①者不立，跨者不行，自见者不明②，自是③者不彰④，自伐⑤者无功，自矜⑥者不长⑦。其在道也，曰余⑧食赘⑨行⑩。物⑪或⑫恶⑬之，故有道者不处。

【译文】

踮起脚后跟的人站立不住，跨大步的人不能行走，自以为看得见的人看不清，自以为正确的人不能显扬，自夸的人

---

① 企：踮起脚后跟。

② 明：视力好。

③ 是：正确。

④ 彰：显扬。

⑤ 伐：夸耀。

⑥ 矜：骄傲，自负。

⑦ 长：当首领。

⑧ 余：剩下的。

⑨ 赘：多余的。

⑩ 行：通"形"。

⑪ 物：众人。

⑫ 或：语气词。

⑬ 恶（wù）：讨厌，厌恶。

没有功劳，自傲的人不能当首领。这些在道那里，叫作剩饭赘肉。众人厌恶它，所以得道的人不处于其中。

有物①混②成，先天地生。寂③兮寥④兮，独立⑤不改，周行而不殆⑥，可以为天下母。吾不知其名，字之曰道，强⑦为之名曰大。大曰逝⑧，逝曰远，远曰反⑨。故道大，天大，地大，王亦大。域中⑩有四大，而王居⑪其一焉。人法⑫地，地法天，天法道，道法自然。

【译文】

有一个物浑然天成，先于天地而生。无声无形啊，独自

① 物：这里指"道"。

② 混：浑一而不可分。

③ 寂：没有声音。

④ 寥：空虚，没有形体。

⑤ 立：存在。

⑥ 殆：通"怠"。

⑦ 强（qiǎng）：勉强。

⑧ 逝：去，离去。

⑨ 反：同"返"。

⑩ 域中：宇内。

⑪ 居：处于。

⑫ 法：效法。

存在而不改变，循环运行而不懈怠，可以做天下之母。我不知道它的名称，给它取个字叫道，勉强为它取名叫大。大会离去，离去会遥远，遥远会返回。所以道大，天大，地大，王也大。宇内有四个"大"，而王居于其中之一。人效法地，地效法天，天效法道，道效法自然。

二十六章

　　重①为轻②根，静③为躁④君⑤。是以圣人终日行不离辎重⑥，虽有荣观⑦，燕⑧处⑨超然。奈何⑩万乘⑪之主而以⑫身⑬轻天下？轻则失本，躁则失君。

【译文】

　　重视是轻视的根本，安静是急躁的主宰者。因此圣人整天行走不离开所带的物资，虽然有宫阙，闲居超脱。为什么

——————————

① 重：重视。

② 轻：轻视。

③ 静：安静。

④ 躁：急躁，不安静。

⑤ 君：主宰者。

⑥ 辎重：外出时所带的衣物箱笼等。

⑦ 荣观（guàn）：宫阙。

⑧ 燕：通"宴"，安逸，安闲。

⑨ 处：居住。

⑩ 奈何：为何，为什么。

⑪ 乘（shèng）：古时一车四马叫"乘"。

⑫ 以：因为。

⑬ 身：自身，自己。

万乘之主却因为自身轻视天下呢？轻视则失去根本，急躁则失去主宰者。

二十七章

　　善行，无辙迹①；善言，无瑕②谪③；善数，不用筹策④；善闭⑤，无关楗⑥而不可开；善结⑦，无绳约⑧而不可解。是以圣人常⑨善救⑩人，故无弃人；常善救物，故无弃物。是谓袭⑪明⑫。故善人者不善人之师，不善人者善人之资⑬。不贵其师，不爱其资，虽⑭智大迷。是谓要妙⑮。

------

　① 辙迹：痕迹。

　② 瑕：缺点，过失。

　③ 谪：过错。

　④ 筹策：古代的计算用具。

　⑤ 闭：关门。

　⑥ 关楗：门闩。

　⑦ 结：打结。

　⑧ 约：绳索。

　⑨ 常：常常，经常。

　⑩ 救：帮助。

　⑪ 袭：掩藏。

　⑫ 明：英明，明智，高明。

　⑬ 资：凭借的条件。

　⑭ 虽：即使。

　⑮ 要妙：精深微妙。

【译文】

　　善于行走，没有痕迹；善于言说，没有过失；善于计算，不用筹策；善于关门，没有关楗却不可以开；善于打结，没有绳索却不可以解开。因此圣人常常善于帮助人，所以没有被抛弃的人；常常善于帮助物，所以没有被抛弃的物。这叫作掩藏着"明"。所以善人是不善的人的老师，不善的人是善人的凭借的条件。不重视他的老师，不爱护他的凭借的条件，即使聪明，也是大的迷乱。这叫作精深微妙。

二十八章

知其雄①，守其雌②，为③天下谿。为天下谿，常④德不离⑤，复归⑥于⑦婴儿。知其白⑧，守其黑⑨，为天下式⑩。为天下式，常德不忒⑪，复归于无极⑫。知其荣，守其辱，为天下谷⑬。为天下谷，常德乃足，复归于朴⑭。朴散则为⑮

---

① 雄：有力。

② 雌：柔弱。

③ 为：成为。

④ 常：永久的，永恒的。

⑤ 离（lí）：丧失，失掉。

⑥ 复归：返回。

⑦ 于：到。

⑧ 白：明亮。

⑨ 黑：黑暗。

⑩ 式：法式，标准。

⑪ 忒（tè）：差错。

⑫ 无极：这里指"道"。

⑬ 谷：河谷。

⑭ 朴：未加工的木材，这里比喻生而就有的、未经过人为改造的本真状态。

⑮ 为：成为。

上卷 《老子》注译

器①，圣人用之②则为官长③。故大制④不割⑤。

【译文】

　　知道他的雄强，保持他的雌柔，成为天下的沟溪。成为天下的沟溪，常德不丧失，返回到婴儿状态。知道他的明亮，保持他的黑暗，成为天下的法式。成为天下的法式，常德不出现差错，返回到无极。知道他的荣耀，保持他的耻辱，成为天下的河谷。成为天下的河谷，常德才充足，返回到朴。朴分散则成为器具，圣人用它则成为长官。所以大的切割是不切割。

①器：器具。

②之：它，这里指"朴"。

③官长："长官"的通称。

④制：裁断，切割。

⑤割：用刀裁断、切断。"大制不割"要联系"朴散则为器"来理解。

二十九章

　　将欲①取②天下而为③之，吾见其不得已④。天下神器，不可为也。为者败⑤之，执⑥者失⑦之。故物或⑧行或随，或歔⑨或吹⑩，或强或羸⑪，或挫⑫或隳⑬。是以圣人去甚⑭，去奢⑮，去泰⑯。

-----

① 将欲：想要。

② 取：夺取。

③ 为：治理。

④ 已：语气词，用法同"矣"。

⑤ 败：毁坏。

⑥ 执：掌握，控制。

⑦ 失：丧失，失掉。

⑧ 或：有的。

⑨ 歔：慢慢地呼气。

⑩ 吹：合拢嘴唇用力出气。

⑪ 羸（léi）：瘦弱。

⑫ 挫：折损。

⑬ 隳（huī）：毁坏。

⑭ 甚：过分。

⑮ 奢：过分，过度。

⑯ 泰：过分，过甚。

【译文】

　　想要夺取天下而治理它，我看见他得不到。天下是神器，不可以治理。治理它的人毁坏它，掌控它的人失掉它。所以物有的前行，有的跟随；有的慢慢呼气，有的用力出气；有的强壮，有的瘦弱；有的折损，有的毁坏。因此圣人去掉过分，去掉过度，去掉过甚。

以道佐人主者，不以①兵②强③天下。其事好④还⑤。师⑥之所处⑦，荆棘生焉；大军⑧之后，必有凶⑨年。善有⑩果而已，不敢以取⑪强。果而⑫勿矜⑬，果而勿伐⑭，果而勿骄⑮，果而不得已，果而勿强。物壮则老，是谓不道⑯。不道

——————————

① 以：依靠，依凭。

② 兵：军队。

③ 强：强大。

④ 好：容易。

⑤ 还：回报。

⑥ 师：军队。

⑦ 处：停留。

⑧ 大军：重大的军事行动。

⑨ 凶：庄稼收成不好。

⑩ 有：获得。

⑪ 取：取得。

⑫ 而：却。

⑬ 矜：骄傲，自负。

⑭ 伐：夸耀。

⑮ 骄：自满，自高自大。

⑯ 不道：无道。

早已①。

【译文】

用道辅助君王的人，不依靠军队强大于天下。这事容易得到回报。军队所停留的地方，荆棘生长；大战之后，一定有荒年。善于获得结果罢了，不敢依靠军队来取得强大。获得结果却不骄傲，获得结果却不夸耀，获得结果却不自满，获得结果却是不得已，获得结果却不显出强大。物强壮就衰老，这叫作无道。无道就早早被废弃。

---

① 已：废弃。

夫佳兵①者不祥之器，物②或③恶④之，故有道者不处⑤。君子居⑥则贵⑦左，用兵则贵右。兵者不祥之器，非君子之器。不得已而用之，恬淡为上。胜而⑧不美。而美之⑨者，是乐⑩杀人。夫乐杀人者，则不可以得志于天下矣。吉事尚⑪左，凶⑫事尚右。偏将军居⑬左，上将军居右，言⑭以丧

①佳兵：锋利的兵器。另，有的学者认为"佳"字疑衍。

②物：众人。

③或：语气词。

④恶（wù）：讨厌，厌恶。

⑤处：占有，占据。

⑥居：平时。

⑦贵：重视，崇尚。

⑧而：却。

⑨之：这里指代"胜"。

⑩乐：爱好，喜爱。

⑪尚：崇尚，尊重。

⑫凶：不吉祥。

⑬居：处于。

⑭言：表达。

礼处^①之。杀人之众，以哀悲泣之，战胜以丧礼处之。

【译文】

　　锋利的兵器是不祥的器具，众人厌恶它，所以得道的人不占有。君子平时则以左为贵，用兵则以右为贵。兵器是不祥的器具，不是君子的器具。不得已而用它，以内心恬淡为上。战胜却不赞美。却赞美它的人，是爱好杀人。爱好杀人的人，就不可以得志于天下。吉事崇尚左边，凶事崇尚右边。偏将军处于左边，上将军处于右边，表达用丧礼对待战争。杀人众多，以哀悲的心情哭泣它，战争取得胜利了用丧礼对待它。

① 处：对待。

道常①无名。朴②虽小，天下莫③能臣④也。侯王若⑤能守⑥之，万物将自⑦宾⑧。天地相合⑨，以降甘露，民莫之令而自均。始制⑩有名。名亦既⑪有，夫亦将⑫知止⑬。知止可以不殆。譬道之在天下，犹⑭川谷⑮之于江海。

① 常：常常，经常。

② 朴：指"道"。

③ 莫：没有谁。

④ 臣：役使。

⑤ 若：如果，假如。

⑥ 守：保有。

⑦ 自：自然。

⑧ 宾：服从，归顺。

⑨ 合：结合。

⑩ 制：裁断，切割。"始制有名"要联系"朴散则为器""大制不割"（《老子·二十八章》）来理解。其意思是：朴被切割，就成了器具，从而有了关于器具的名称。

⑪ 既：已经。

⑫ 将：应该，应当。

⑬ 止：停止。

⑭ 犹：如同。

⑮ 川谷：河流。

【译文】

道常常没有名称。朴虽然小，天下没有谁能役使它。侯王如果能够保有它，万物将自然地服从。天地相结合，以便降下甘露，民众中没有谁命令它却自然均匀。开始切割就有了名称。名称已经有了，也应该知道停止。知道停止可以没有危险。譬如道居于天下，犹如江海之于河流。

三十三章

知人者智①，自知者明②。胜人者有力，自胜者强。知足③者富，强④行⑤者有志，不失其所⑥者久，死而不亡者寿。

【译文】

知道他人的人聪明，知道自己的人明智。战胜他人的人有力量，战胜自己的人强大。知道满足的人富有，尽力实行的人有志向，不丧失其处所的人能够长久，死而不亡的人长寿。

上卷　《老子》注译

---

① 智：聪明。

② 明：英明，明智，高明。

③ 足：满足。

④ 强（qiǎng）：竭力，尽力。

⑤ 行：实行。

⑥ 所：处所。

大道氾①兮，其可左右。万物恃②之而生而不辞，功成不名③有④，衣养万物而不为主。常无欲，可名于⑤小；万物归焉而不为主，可名为大。以⑥其终⑦不自为⑧大，故能成其大。

【译文】

大道犹如洪水泛滥，它可左可右。万物依靠它而生而不推辞，功业完成而不说占有，养育万物而不当万物之主。常常没有欲望，可以以"小"命名；万物归向它而不当万物之主，可以命名为"大"。因为它始终不自以为"大"，所以能够成就它的"大"。

---

① 氾：泛滥。

② 恃：依靠，依赖。

③ 名：称说。

④ 有：占有。

⑤ 于：以，用。

⑥ 以：因为。

⑦ 终：自始至终。

⑧ 为：认为，以为。

三十五章

执大象①，天下往。往而不害，安②平③太④。乐与饵⑤，过客止⑥。道之出口，淡乎其无味。视之不足⑦见，听之不足闻，用之不足既⑧。

【译文】

掌握大象，天下人就会前往。前往而不被伤害，安宁、太平、平安。音乐和食物，使过客停下来。道说出口，它淡得没有味道。看它不可以看见，听它不可以听到，用它不可以用尽。

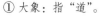

① 大象：指"道"。

② 安：安宁，安定。

③ 平：安定，太平。

④ 太：通"泰"，平安，安定。

⑤ 饵：食物。

⑥ 止：停止。

⑦ 足：可以。

⑧ 既：尽，完。

三十六章

　　将欲①歙②之，必固③张④之；将欲弱之，必固强之；将欲废⑤之，必固兴⑥之；将欲夺之，必固与之。是谓微明⑦。柔弱胜⑧刚强。鱼不可脱⑨于渊，国之利器⑩不可以示⑪人。

【译文】

　　想要使它收敛，一定要暂且使它张开；想要使它削弱，一定要暂且使它强大；想要使它衰败，一定要暂且使它兴盛；想要夺取它，一定要暂且给予它。这叫作微明。柔弱胜过刚强。鱼不可以脱离深渊，国家的利器不可以给人看。

① 将欲：想要。

② 歙（xī）：收敛。

③ 固：通"姑"，暂且，姑且。

④ 张：扩张。

⑤ 废：衰败。

⑥ 兴：兴盛，兴旺。

⑦ 微明：微妙的明智。

⑧ 胜：胜过，超过。

⑨ 脱：脱离。

⑩ 利器：锋利的兵器。

⑪ 示：给人看。

道常无为而无不为。侯王若①能守②之，万物将自③化④。化而欲作⑤，吾将镇⑥之以无名之朴⑦。无名之朴，夫亦将⑧无欲。不⑨欲以⑩静，天下将自定。

【译文】

道常常无为却无不为。侯王如果能够保有它，万物将自然产生。产生而欲望兴起，我将用没有名称的朴来安定它们。没有名称的朴，也应该没有欲望。无欲而平静，天下将自然安定。

---

① 若：如果，假如。

② 守：保持，保有。

③ 自：自然。

④ 化：生，产生。

⑤ 作：兴起。

⑥ 镇：安定。

⑦ 朴：指"道"。"道常无名"（《老子·三十二章》），朴当然"无名"。

⑧ 将：应该，应当。

⑨ 不：无，没有。

⑩ 以：而。

三十八章

上①德②不③德，是以有德；下④德不失德，是以无德。上德无为而无以⑤为，下德为之⑥而有以为，上仁为之而无以为，上义为之而有以为。上礼为之而莫之应⑦，则攘⑧臂而扔⑨之。故失道而后德，失德而后仁，失仁而后义，失义而后礼。夫礼者，忠信之薄⑩而乱之首⑪。前识者，道之华⑫而⑬愚之始。是以大丈夫处⑭其厚，不居⑮其薄；处其

① 上：等级高的。

② 上德：上等的德。

③ 不：无，没有。

④ 下：等级在后的。

⑤ 以：助词，相当于"所"。

⑥ 之：助词，用于句中，起调整音节的作用。

⑦ 应：响应。

⑧ 攘：挽起，撩起。

⑨ 扔：拉。

⑩ 薄：不淳厚。

⑪ 首：开始。

⑫ 华：浮华。

⑬ 而：和。

⑭ 处：处于，处在。

⑮ 居：处于。

实①，不居其华。故去彼取②此③。

【译文】

上德没有德，因此有德；下德不丧失德，因此没有德。上德无为而无所为，下德有为而有所为，上仁有为而无所为，上义有为而有所为。上礼有为而没有谁响应，就挽起袖子、露出手臂而拉之。所以丧失道而后才有德，丧失德而后才有仁，丧失仁而后才有义，丧失义而后才有礼。礼，是忠信的不足和大乱的开始。先前的知识，是道的浮华和愚昧的开始。因此大丈夫处于忠信的淳厚，不处于忠信的不足；处于道的朴实，不处于道的浮华。所以去掉彼而选取此。

————————

① 实：朴实。

② 取：选取，采用。

③ "去彼取此"是说，要去掉"居其薄""居其华"，选取"处其厚""处其实"。

三十九章

　　昔之得一①者：天得一以②清③，地得一以宁④，神得一以灵⑤，谷⑥得一以盈，万物得一以生，侯王得一以为⑦天下贞⑧。其致⑨之。天无以⑩清，将恐裂；地无以宁，将恐发⑪；神无以灵，将恐歇⑫；谷无以盈，将恐竭⑬；万物无以生，将恐灭；侯王无以贵高，将恐蹶⑭。故贵以贱为本，高以下为基。是以侯王自谓孤、寡、不谷⑮。此非以贱为

① 一：这里指"道"。

② 以：则。

③ 清：通"青"。

④ 宁：安定，安宁。

⑤ 灵：灵验。

⑥ 谷：河谷。

⑦ 为：成为。

⑧ 贞：正，长官。

⑨ 致：取得，获得。

⑩ 无以：无从。

⑪ 发：震动。

⑫ 歇：消失。

⑬ 竭：干涸。

⑭ 蹶：失败。

⑮ 谷：善。

本邪？非乎？故致^①数^②舆^③无舆。不欲^④琭^⑤琭如玉，珞^⑥珞如石。

【译文】

　　从前得到一的：天得到一则青蓝，地得到一则安宁，神得到一则灵验，谷得到一则充盈，万物得到一则生长，侯王得到一则成为天下的长官。它们取得这些。天无从青蓝，将恐怕要破裂；地无从安宁，将恐怕要震动；神无从灵验，将恐怕要消失；谷无从充盈，将恐怕要干涸；万物无从生长，将恐怕要灭亡；侯王无从高贵，将恐怕要失败。所以贵以贱为根本，高以下为基础。因此侯王自称为孤、寡、不谷。这不是以贱为根本吗？不是吗？所以求取多个荣誉就是没有荣誉。不想像美玉那样珍贵，石头那样坚硬。

① 致：求取。

② 数：几个。

③ 舆：通"誉"，荣誉。傅奕本《老子》等作"誉"。

④ 欲：想要。

⑤ 琭（lù）琭：珍贵的样子。

⑥ 珞（luò）珞：石头坚硬的样子。

四十章

反①者，道之动；弱者，道之用。天下万物生于有②，有生于无③。

【译文】

返回自身的，是道的运动；呈现柔弱的，是道的作用。天下的万物生于有，有生于无。

---

① 反：同"返"。

② 有：这里指"道"，特指有物之道。

③ 无：这里指"道"，特指无物之道。

上①士闻②道，勤③而行之；中士闻道，若存若亡；下士闻道，大笑④之。不笑不足以为道。故建言有之："明道若昧，进道若退，夷⑤道若纇⑥。上德若谷⑦，大⑧白若辱⑨，广德若不足，建⑩德若偷⑪，质真⑫若渝⑬。大方无隅⑭，大器晚成，大音希声，大象无形。"道隐⑮无名。夫唯⑯道，

① 上：等级高的。

② 闻：听说。

③ 勤：努力，尽力。

④ 笑：嘲笑，讥笑。

⑤ 夷：平坦。

⑥ 纇（lèi）：不平。

⑦ 谷：河谷。

⑧ 大：最。

⑨ 辱：污浊。

⑩ 建：通"健"，刚健。

⑪ 偷：刻薄，不厚道。

⑫ 真：本性，本质。

⑬ 渝（yú）：改变。

⑭ 隅（yú）：边角，方角。

⑮ 隐：幽微精妙。

⑯ 唯：只有。

善贷^①且成。

【译文】

上士听说道，努力实行它；中士听说道，觉得好像存在又好像不存在；下士听说道，大声嘲笑它。不被嘲笑不足以成为道。所以《建言》有这些话："明亮的道好像幽暗，前进的道好像后退，平坦的道好像不平坦。上等的德好像河谷，最白好像污浊，广大的德好像不足，刚健的德好像刻薄，质朴的本性好像改变。最方没有角，最大的器具靠后完成，最大的乐音声音稀少，最大的形状没有形状。"道幽微精妙而没有名称。只有道，善于施予并且成功。

---

① 贷：施予。

道生一，一生二，二生三，三生万物。万物负阴而抱阳，冲气①以为②和③。人之所恶，唯孤、寡、不谷④，而⑤王公以为⑥称⑦。故物或⑧损之而益，或益之而损。人之所教，我亦教之："强梁⑨者不得其死。"吾将以为⑩教父⑪。

【译文】

道生一，一生二，二生三，三生万物。万物背负阴而抱着阳，是由冲气而成的阴阳结合之物。人们所厌恶的，只有

———————————

①冲气：空虚之气，这里指道中精细的东西，与"其中有精，其精甚真"（《老子·二十一章》）中的"精"意思相同。

②以为：而为，而成。

③和：结合。

④谷：善。

⑤而：可是。

⑥以为："以之为"的省略形式。

⑦称：称号。

⑧或：有的。

⑨强梁：强横，凶暴。

⑩以为："以之为"的省略形式。

⑪父（fǔ）：通"甫"，开始。

孤、寡、不谷，可是王公把这些作为称号。所以物，有的减少它却使它增加，有的增加它却使它减少。人们所教导的，我也用之教导："强横的人不得好死。"我将把它作为教导的开始。

四十三章

天下之至①柔，驰骋②天下之至坚③，无有入无间④，吾是以知无为之有益。不言之教，无为之益，天下希及⑤之。

【译文】

天下最柔软的东西，驰骋于天下最坚硬的东西之中，没有形体的东西进入没有间隙的东西，我因此知道无为的有好处。不言的教导，无为的好处，天下很少比得上它们。

① 至：最。

② 驰骋：奔走。

③ 坚：坚硬。

④ 间：间隙，空隙。

⑤ 及：比得上。

上卷 《老子》注译

四十四章

名与身①孰亲？身与货②孰多③？得与亡孰病④？是故甚⑤爱⑥必大费，多藏必厚⑦亡⑧。知足⑨不辱，知止不殆，可以长久。

【译文】

名声与身体哪一个亲？身体与财物哪一个重？得到与失去哪一个不利？因此非常吝惜一定有大的花费，储藏多一定丢失多。知道满足没有屈辱，知道停止没有危险，可以长久。

---

① 身：身体，这里指代生命。

② 货：财物。

③ 多：重。

④ 病：不利。

⑤ 甚：很，非常。

⑥ 爱：吝惜，舍不得。

⑦ 厚：多。

⑧ 亡：失去，丢失。

⑨ 足：满足。

大①成②若缺③，其用不弊④。大盈⑤若冲⑥，其用不穷。大直若屈，大巧若拙，大辩⑦若讷⑧。躁⑨胜寒，静⑩胜热，清静为⑪天下正⑫。

【译文】

最齐备好像缺少，它的作用不会竭尽。最充满好像空虚，它的作用不会穷尽。最直好像弯曲，最灵巧好像笨拙，最有口才好像不善言谈。躁能战胜寒，静能战胜热，清静是治理天下的准则。

① 大：最。

② 成：齐备。

③ 缺：残缺。

④ 弊：竭尽。

⑤ 盈：充满。

⑥ 冲：空虚。

⑦ 辩：有口才。

⑧ 讷（nè）：语言迟钝，不善于讲话。

⑨ 躁：急躁，不安静。

⑩ 静：平静，安静。

⑪ 为：是。

⑫ 正：准则。

四十六章

天下有道，却①走马②以③粪④；天下无道，戎马生于郊。祸莫⑤大于不知足⑥，咎⑦莫大于欲得。故知足之足，常⑧足矣。

【译文】

天下有道，除良马外都用来施肥；天下无道，战马生育于郊野。祸患没有什么大于不知道满足，过失没有什么大于想要得到。所以知道满足的满足，是永久的满足。

① 却：除，除去。

② 走马：良马。

③ 以：用来。

④ 粪：施肥。

⑤ 莫：没有什么。

⑥ 足：满足。

⑦ 咎：罪过，过失。

⑧ 常：永久的，永恒的。

四十七章

不出户，知天下；不窥牖①，见天道。其出弥远，其知弥少。是以圣人不行而②知，不见而名③，不为而成。

【译文】

不出门，知道天下事；不窥视窗外，看见天道。他外出越远，他知道得越少。因此圣人不外出却能知道，不看见却看得清，不做事却能完成。

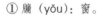

① 牖（yǒu）：窗。

② 而：却。

③ 名：通"明"。联系"不自见，故明"（《老子·二十二章》）、"自见者不明"（《老子·二十四章》），可知"不见而名"是说"不看见却看得清"。

四十八章

为^①学^②日^③益，为道日损，损之又损，以至于^④无为^⑤。无为而^⑥无不为。取^⑦天下常以^⑧无事，及^⑨其有事，不足以取天下。

【译文】

学习学问会每天增加，学习道会每天减少，减少又减少，以达到无为。无为却无不为。夺取天下常常用"无事"，当夺取天下用"有事"，不足以夺取天下。

───────────

① 为：学习。

② 学：学问，这里指礼乐文化知识。

③ 日：每天，一天天。

④ 至于：达到。

⑤ 从"为学日益，为道日损，损之又损，以至于无为"来看，"为学日益"所"益"的是"为""有为"，"为道日损"所"损"的也是"为""有为"。只有一天天减少"为""有为"，才可以达到"无为"的状态。

⑥ 而：却。

⑦ 取：夺取。

⑧ 以：用。

⑨ 及：当。

圣人无常①心，以百姓心为心。善者，吾善之；不善者，吾亦善之，德②善。信③者，吾信之；不信者，吾亦信之，德信④。圣人在⑤天下歙歙⑥，为天下浑⑦其心。百姓皆注⑧其耳目⑨，圣人皆孩之。

【译文】

圣人没有固定的心，以百姓的心为心。善良的人，我认为他善良；不善良的人，我也认为他善良，得到了善良。讲

① 常：固定的。

② 德：通"得"。

③ 信：讲信用。

④ 信：信用。

⑤ 在：居于。

⑥ 歙（xī）歙：无所偏执的样子。

⑦ 浑（hùn）：质朴。

⑧ 注：专注在某一点上。

⑨ 此句据河上公本《老子》等补。另，王弼有关于此句的解读："百姓各皆注其耳目焉，吾皆孩之而已。"据老子所言"五色令人目盲，五音令人耳聋"（《老子·十二章》）可知，此句是说，百姓都专注于他们的耳目之欲。

信用的人，我认为他讲信用；不讲信用的人，我也认为他讲信用，得到了信用。圣人居于天下无所偏颇，为使天下人的心质朴。百姓都专注于他们的耳目，圣人都使他们像小孩一样。

出生入死。生之徒①十有三，死之徒十有三，人之②生，动③之死地，亦十有三。夫何故？以④其生⑤生之厚⑥。盖闻⑦善摄⑧生者，陆行不遇兕虎，入⑨军不被⑩甲兵。兕无所⑪投⑫其角，虎无所措⑬其爪，兵无所容⑭其刃。夫何故？以⑮其无死地⑯。

---

① 徒：通"途"，道路。

② 之：到……去，前往。

③ 动：常常。

④ 以：因为。

⑤ 生：养育。

⑥ 厚：重。

⑦ 闻：听说。

⑧ 摄：保养。

⑨ 入：加入。

⑩ 被：遭受。

⑪ 所：地方。

⑫ 投：撞。

⑬ 措：安放。

⑭ 容：假借为"用"，使用。

⑮ 以：因为。

⑯ 地：地点，处所。

【译文】

　　离开生路就进入死路。生之路有十分之三，死之路有十分之三，人本想走向生路，却常常走向死路，也有十分之三。什么原因呢？因为这种人太看重养生。听说善于保养生命的人，在陆地上行走不会遇到兕和虎，参军不会遭受甲兵之害。兕无处撞它的角，虎无处安放它的爪，兵器无处用它的刃。什么原因呢？因为他没有进入死亡的地点。

五十一章

道生之①，德畜②之，物③形④之，势⑤成⑥之。是以万物莫不尊道而贵⑦德。道之尊，德之贵，夫莫之命而常自然。故道生之，德畜之；长之育⑧之；亭⑨之毒⑩之；养之覆⑪之。生而不有，为⑫而不恃⑬，长⑭而不宰，是谓玄⑮德。

---

① 之：这里指万物。

② 畜：养育。

③ 物：这里指从道中流泻出来的物。

④ 形：表现。

⑤ 势：情势。

⑥ 成：成就。

⑦ 贵：崇尚，重视。

⑧ 育：抚养。

⑨ 亭：成熟。

⑩ 毒：养成。

⑪ 覆：保护。

⑫ 为：治理。

⑬ 恃：依赖，依靠。

⑭ 长：抚养。

⑮ 玄：玄妙的。

上卷 《老子》注译

【译文】

道生出它，德养育它，物表现它，势成就它。因此万物没有谁不尊崇道而崇尚德。道的尊贵，德的高贵，没有谁命令它们却常常是自己这样。所以道生出它，德养育它；使它成长，抚养它；使它成熟，养成它；养育它，保护它。生出却不占有，治理却不依赖，抚养却不主宰，这叫作玄德。

天下^①有始，以为^②天下母。既^③得其^④母，以^⑤知其^⑥子；既知其子，复^⑦守^⑧其母，没身^⑨不^⑩殆^⑪。塞其兑^⑫，闭其门，终身不勤^⑬。开其兑，济^⑭其事，终身不救^⑮。见小

---

① 天下：这里指天下万物。

② 以为："以之为"的省略形式。

③ 既：已经。

④ 其：这里指"天下"。

⑤ 以：因而，因此。

⑥ 其：这里指"天下之母"。

⑦ 复：又。

⑧ 守：保持，保有。

⑨ 没（mò）身：终身。

⑩ 不：无，没有。

⑪ 殆：危险。

⑫ 兑：洞穴。

⑬ 勤：辛苦。

⑭ 济：增加。

⑮ 救：治。

曰明①，守柔曰强②。用其光，复归③其明，无④遗⑤身⑥殃⑦，是为习⑧常。

【译文】

　　天下有开始，用它作为天下之母。已经得到天下之母，因而知道天下之母的子；已经知道天下之母的子，又保有天下之母，终身没有危险。堵塞他的洞穴，关上他的门，终身不辛苦。打开他的洞穴，增加他的事，终身不治。看见小的东西叫作明，保持柔弱叫作强。用它的光，返回它的明，不遗留给自己灾祸，这就是通晓常道。

① 明：视力好。

② 强：强大。

③ 复归：返回。

④ 无：通"毋"，不。

⑤ 遗：遗留。

⑥ 身：自身，自己。

⑦ 殃：灾祸，祸害。

⑧ 习：通晓，熟悉。

使①我介然②有知，行于大道，唯③施④是畏。大道甚夷⑤，而民好径。朝甚除⑥，田甚芜，仓甚虚。服文彩⑦，带⑧利剑，厌⑨饮食，财货有余，是谓盗夸⑩。非⑪道也哉！

【译文】

假使我忽然有知识，行走在大道上，只害怕走上邪路。大道很平坦，然而民众喜欢走小路。朝廷很干净，农田很荒芜，粮仓很空虚。穿着华丽的衣服，佩带锋利的剑，吃饱喝足，财货有多余的，这叫作盗取奢侈的生活。不符合道啊！

① 使：假使，假若。

② 介然：忽然。

③ 唯：只。

④ 施（yí）：邪。

⑤ 夷：平坦。

⑥ 除：整洁，干净。

⑦ 文彩：华丽的衣服。

⑧ 带：佩带。

⑨ 厌：吃饱。

⑩ 夸：奢侈，这里指奢侈的生活。

⑪ 非：违背，不合。

五十四章

　　善建①者不拔②，善抱者不脱③，子孙以④祭祀不辍⑤。修⑥之⑦于身⑧，其德乃真；修之于家，其德乃余⑨；修之于乡，其德乃长；修之于国，其德乃丰；修之于天下，其德乃普。故以身观身⑩，以家观家，以乡观乡，以国观国，以天下观天下。吾何以知天下然⑪哉？以此。

【译文】

　　善于树立的不动摇，善于抱着的不脱落，子孙因此祭祀不停止。实行它于自身，他的德才真实；实行它于家，他的

① 建：竖起，树立。

② 拔：动摇。

③ 脱：脱落。

④ 以：因此，因而。。

⑤ 辍（chuò）：停止。

⑥ 修：实行。

⑦ 之：指"善建者不拔，善抱者不脱"。

⑧ 身：自身，自己。

⑨ 余：丰足。

⑩ 以身观身：意思是从自身的维度观察、认识自身。

⑪ 然：这样。

德才丰足；实行它于乡，他的德才长久；实行它于国，他的德才富足；实行它于天下，他的德才普遍。所以用自身观察自身，用家观察家，用乡观察乡，用国观察国，用天下观察天下。我用什么知道天下是这样的呢？用这个。

五十五章

含德之厚，比于赤子。蜂虿①虺②蛇不螫③，猛兽不据④，攫⑤鸟不搏⑥。骨弱筋柔而⑦握固，未知牝牡之合⑧而全⑨作，精之至⑩也。终日号⑪而不嗄⑫，和之至也。知和曰

---

① 虿（chài）：蝎子一类的毒虫。

② 虺（huǐ）：毒蛇。

③ 螫（shì）：毒虫刺蜇或毒蛇咬。

④ 据：占有。

⑤ 攫（jué）：用爪迅速抓取。攫鸟，指用爪迅速抓取东西的鸟，一般比较凶猛。

⑥ 搏：抓。

⑦ 而：却。

⑧ 合：特指两性的交配。

⑨ 全：当据河上公本《老子》作"朘（zuī）"，指男孩的生殖器。

⑩ 至：极。

⑪ 号（háo）：大声哭。

⑫ 嗄（shà）：声音嘶哑。

常，知常曰明^①，益^②生^③曰祥^④，心使^⑤气曰强^⑥。物壮则老，谓之不道^⑦，不道早已^⑧。

【译文】

怀德深厚，比得上赤子。蜂虿虺蛇不刺咬，猛兽不占有，攫鸟不抓取。骨弱筋柔却握得牢固，不知道男女之交合却生殖器勃起，达到精的极致。整天大声哭却不声音嘶哑，达到和的极致。知道和叫作常，知道常叫作明，增加寿命叫作祥，心支配气叫作强。物强壮就衰老，称它为无道，无道就早早被废弃。

① 明：英明。

② 益：增加。

③ 生：生命。

④ 祥：凶灾。

⑤ 使：支配。

⑥ 强：强横。

⑦ 不道：无道。

⑧ 已：废弃。

五十六章

知者不言，言者不知。塞其兑①，闭其门，"挫②其锐③，解④其分⑤，和⑥其光，同⑦其尘"，是谓玄同⑧。故不可得而亲，不可得而疏；不可得而利，不可得而害；不可得而贵⑨，不可得而贱⑩。故为⑪天下贵。

【译文】

知道的人不说，说的人不知道。堵塞他的洞穴，关上他

———————

① 兑：洞穴。

② 挫：折损。

③ 锐：锐利。

④ 解：排解。

⑤ 分：通"纷"，杂乱，纷乱。

⑥ 和：和谐。

⑦ 同：和。

⑧ 玄同：玄妙的同，指与道相同、得道的境界。老子的意思是，圣人"塞其兑，闭其门"，像道那样"挫其锐，解其纷，和其光，同其尘"（《老子·四章》），与道相同。

⑨ 贵：重视，崇尚。

⑩ 贱：轻视，鄙视。

⑪ 为：被。

的门，"折损它的锐利，排解它的杂乱，和谐它的光芒，谐和它的尘土"，这叫作玄同。所以不可以得到而亲近，不可以得到而疏远；不可以得到而使有利，不可以得到而伤害；不可以得到而重视，不可以得到而轻视。所以被天下所重视。

五十七章

以正①治国，以奇②用兵，以无事取③天下。吾何以知其然④哉？以此。天下多忌讳⑤，而民弥⑥贫；民多利器⑦，国家滋⑧昏；人多伎巧⑨，奇物滋起⑩；法令滋彰⑪，盗贼多有。故圣人云："我无为而民自⑫化⑬，我好静而民自正⑭，我无事而民自富，我无欲而民自朴。"

---

① 正：正常，这里指正常的方法。

② 奇：出人意料，这里指出人意料的方法。

③ 取：夺取。

④ 然：这样。

⑤ 忌讳：禁忌。

⑥ 弥：更加。

⑦ 利器：锋利的兵器。

⑧ 滋：更加。

⑨ 伎（jì）巧：技艺，技巧。

⑩ 起：出现，产生。

⑪ 彰：明显。

⑫ 自：自然。

⑬ 化：受感化。

⑭ 正：端正。

【译文】

用正的方法治国，用奇的方法用兵，用"无事"夺取天下。我用什么知道它这样的呢？用这个。天下的禁忌多，然而民众更加贫穷；民众的利器多，国家更加昏乱；人们的技艺多，奇异的东西更加出现；法令更加明显，盗贼更多。所以圣人说："我无为而民众自然受感化，我好静而民众自然端正，我无事而民众自然富裕，我无欲而民众自然质朴。"

五十八章

其政①闷闷②，其民淳淳③；其政察察④，其民缺缺⑤。祸兮福之所倚，福兮祸之所伏⑥。孰知其极？其无正⑦。正⑧复⑨为⑩奇⑪，善复为妖⑫，人之迷，其日⑬固⑭久。是以圣人方而不割，廉⑮而不刿⑯，直而不肆，光⑰而不耀。

---

① 政：政策，法令。

② 闷闷：愚昧的样子。

③ 淳淳：淳朴笃厚。

④ 察察：清楚。

⑤ 缺缺：诈伪的样子。

⑥ 伏：隐藏，埋伏。

⑦ 正：标准。

⑧ 正：正常。

⑨ 复：再，又。

⑩ 为：变为，成为。

⑪ 奇：出人意料。

⑫ 妖：邪恶。

⑬ 日：时间。

⑭ 固：本来。

⑮ 廉：有棱角。

⑯ 刿（guì）：划伤，刺伤。

⑰ 光：发光。

【译文】

　　他的政策愚昧，他的民众朴实；他的政策清楚，他的民众诈伪。灾祸啊是幸福所依托的地方，幸福啊是灾祸所隐藏的地方。谁知道它们的极限？它们没有标准。正再变为奇，善再变为妖，人们的迷乱，其时间本来很久了。因此圣人方正而不割伤别人，有棱角而不划伤别人，正直而不放肆，发出光芒而不耀眼。

五十九章

治人事①天莫若啬②。夫唯③啬，是谓早服④。早服谓之重积德，重积德则无不克⑤，无不克则莫⑥知其极。莫知其极，可以有国；有国之母，可以长久。是谓深根固柢⑦、长生久视之道。

【译文】

治理人民、侍奉天不如用啬。只有用啬，才叫作早做准备。早作准备称它为重视积蓄德，重视积蓄德就没有不可战胜的，没有不可战胜的就没有谁知道他的极限。没有谁知道他的极限，可以拥有国家；拥有国家的根本，就可以长久。这叫作树根深固、长久生存之道。

---

① 事：侍奉。

② 啬：节省，节俭。

③ 唯：只有。

④ 服：通"备"，准备。

⑤ 克：战胜。

⑥ 莫：没有谁。

⑦ 柢：树根。

治大国若烹①小鲜②。以道莅③天下，其鬼不神④；非其鬼不神，其⑤神不伤人；非其神不伤人，圣人亦不伤人。夫两不相伤，故德交归⑥焉⑦。

【译文】

治理大国好像煮小鱼。用道统治天下，它的鬼不灵验；不是它的鬼不灵验，它的鬼灵验不伤人；不是它的鬼灵验不伤人，圣人也不伤人。鬼和圣人两者彼此都不伤害人，所以德会合于此。

① 烹：煮。

② 鲜：泛指鱼类。

③ 莅（lì）：统治。

④ 神：灵验。

⑤ 其：指代"非其鬼不神"中的"其鬼"。

⑥ 交归：会合。

⑦ 焉：于此。另，"德交归焉"是说，鬼和圣人之德虽有不同，但是，都有不伤人之德。换言之，二者之德在不伤人的意义上是有重合的。

六十一章

　　大国者下流①，天下之交②，天下之牝。牝常③以静胜牡，以静为下④。故大国以下小国，则取小国；小国以下大国，则取大国。故或⑤下以取，或下而⑥取。大国不过⑦欲兼畜⑧人⑨，小国不过欲入⑩事人。夫两者各得其所欲，大者宜⑪为⑫下。

【译文】

　　大国居于卑下的地位，处于天下会合之处，处于天下雌

────────────

① 下流：卑下的地位。

② 交：会合。

③ 常：常常，经常。

④ 下：谦让。

⑤ 或：有的。

⑥ 而：却。

⑦ 过：过分。

⑧ 兼畜：兼并，吞并。

⑨ 人：他人，这里指他国。

⑩ 入：进入朝廷。

⑪ 宜：应该，应当。

⑫ 为：施行。

性的地位。雌性的动物常常用安静战胜雄性的动物，把安静作为谦让。所以大国用谦让对待小国，就能夺取小国；小国用谦让对待大国，就能夺取大国。所以有的谦让以夺取，有的谦让却夺取。大国不过分地想要兼并他国，小国不过分地想要入朝侍奉他国。大国和小国这两者各自得到了它们所想要的东西，大国应该施行谦让。

六十二章

道者，万物之奥①，善人之宝，不善人之所保②。美言可以市③，尊行可以加④人。人之不善，何弃之有？故立天子，置三公，虽有拱璧以先驷马，不如坐⑤进⑥此道。古之所以贵⑦此道者何？不曰以⑧求⑨得，有罪以免邪？故为⑩天下贵。

【译文】

道是万物之主，善人的宝物，不善的人所依靠的东西。美好的言辞可以交易，尊贵的行为可以施予人。人不善，有什么抛弃的呢？所以拥立天子，设置三公，虽然有进献拱璧

① 奥：主。

② 保：依靠。

③ 市：交易。

④ 加：施予。

⑤ 坐：姑且。

⑥ 进：进献。

⑦ 贵：重视，崇尚。

⑧ 以：凭借。

⑨ 求：获得，得到。

⑩ 为：被。

先于驷马的礼仪，不如姑且进献这道。古代之所以重视这道的原因是什么？不是说凭借道得到，有罪凭借道免除吗？所以被天下所重视。

六十三章

为无为，事无事，味无味。大小，多少。报怨①以德。图②难于其易，为大于其细③。天下难事，必作④于易；天下大事，必作于细。是以圣人终⑤不为⑥大，故能成⑦其大。夫轻⑧诺必寡信⑨，多易必多难。是以圣人犹⑩难之，故终无难矣。

【译文】

把无为当作为，把无事当作事，把无味当作味。把小当作大，把少当作多。报答怨恨用德。设法对付难事在它容易的时候，做大事在它微小的时候。天下的难事，一定开始于

---

① 怨：仇恨，怨恨。

② 图：设法对付。

③ 细：微小。

④ 作：开始。

⑤ 终：自始至终。

⑥ 为：做。

⑦ 成：成就。

⑧ 轻：轻易，随便。

⑨ 信：信用。

⑩ 犹：尚且。

容易；天下的大事，一定开始于微小。因此圣人始终不做大事，所以能够成就其大事。轻易答应一定缺少信用，多么容易一定有多么困难。因此圣人尚且认为这很难，所以始终没有困难。

六十四章

其安易持①，其未兆易谋，其脆易泮②，其微易散。为之于未有③，治之于未乱。合抱之木，生于毫末④；九层之台，起⑤于累⑥土；千里之行，始于⑦足下。为者败⑧之，执⑨者失⑩之。是以圣人无为，故无败；无执，故无失。民之从事⑪，常于几⑫成而败之。慎终如始，则无败事。是以圣人欲不⑬欲，不贵⑭难得之货；学不学，复⑮众人之所

① 持：掌握。

② 泮（pàn）：分开，分解。

③ 有：发生，出现。

④ 毫末：比喻极微小的东西。

⑤ 起：产生。

⑥ 累：堆叠，积聚。

⑦ 于：自，从。

⑧ 败：毁坏。

⑨ 执：掌握，控制。

⑩ 失：丧失，失掉。

⑪ 从事：办事。

⑫ 几：几乎。

⑬ 不：无，没有。

⑭ 贵：重视，看重。

⑮ 复：泛指消除。

过^①，以辅万物之自然而不敢为。

【译文】

它安定时容易掌握，它没有预兆时容易谋划，它脆弱时容易分开，它微小时容易散开。在它没有发生时就做，在它没有混乱时就治理。合抱的树，生长于极微小的树苗；九层的台，产生于堆叠泥土；千里的行走，开始于脚下。有为的人毁坏它，掌控的人失掉它。因此圣人没有有为，所以没有毁坏；没有掌控，所以没有失掉。民众办事，常常在几乎成功时失败。慎重地对待结束如同慎重地对待开始，就没有失败的事。因此圣人以无欲为欲，不看重难得之货；以不学为学，消除众人所犯的错误，以便辅助万物的自然状态而不敢有为。

---

① 过：犯错误。

六十五章

古之善为①道者，非②以明③民，将④以愚之。民之难治，以⑤其智多。故以智治国，国之贼⑥；不以智治国，国之福。知此两者亦稽式⑦。常⑧知稽式，是谓玄⑨德。玄德深矣，远矣，与物反矣，然后乃至大顺⑩。

【译文】

古代善于学习道的人，不是用道来使民众明白，想要用道来使民众愚昧。民众难以治理，是因为他们智慧多。所以用智慧治理国家，是国家的祸害；不用智慧治理国家，是国家的福气。知道这两者也是法则。常常知道法则，这叫作玄德。玄德深、远，与万物相反，然后才到达大顺。

① 为：学习。
② 非：不是。
③ 明：明白，清楚。
④ 将：想要。
⑤ 以：因为。
⑥ 贼：祸害。
⑦ 稽式：法则，准则。
⑧ 常：常常，经常。
⑨ 玄：玄妙的。
⑩ 大顺：指顺于道。

六十六章

　　江海所以能为百谷①王者，以②其善下之，故能为百谷王。是以欲上民，必以③言下之；欲先民，必以身④后之。是以圣人处上而民不重⑤，处前而民不害⑥。是以天下乐推⑦而不厌。以⑧其不争，故天下莫⑨能与之争。

【译文】

　　江海之所以能够成为百川之王，是因为它善于处于百川之下，所以能够成为百川之王。因此想要处于民众之上，一定用言语使自己处于民众之下；想要处于民众之前，一定用自身使自己处于民众之后。因此圣人处于民众之上而民众不

---

　　① 谷：泛指江河的支流。

　　② 以：因为。

　　③ 以：用。

　　④ 身：自身，自己。

　　⑤ 重：看重，重视。

　　⑥ 害：妒忌。

　　⑦ 推：尊崇。

　　⑧ 以：因为。

　　⑨ 莫：没有谁。

看重，处于民众之前而民众不妒忌。因此天下人乐于尊崇而不厌恶他。因为他不争，所以天下没有谁能够与他争。

天下皆谓①我道大，似②不肖③。夫唯④大，故似不肖。若⑤肖，久矣其细⑥也夫。我有三宝，持⑦而保之。一曰慈，二曰俭，三曰不敢为天下先。慈，故能勇；俭，故能广；不敢为天下先，故能成器⑧长。今舍慈且⑨勇，舍俭且广，舍后且先，死矣。夫慈，以战则胜，以守则固。天将救之，以慈卫之。

【译文】

天下人都认为我的道大，像物又不像物。由于大，所以像物又不像物。如果像物，它微小就很久了。我有三种宝物，

① 谓：认为，以为。

② 似：像，类似。

③ 肖：像，似。

④ 唯：由于。

⑤ 若：如果，假如。

⑥ 细：微小。

⑦ 持：掌握。

⑧ 器：物。

⑨ 且：而。

掌握并保住它。第一种叫作慈，第二种叫作俭，第三种叫作不敢做到走在天下人的前面。慈，所以能够勇敢；俭，所以能够宏大；不敢做到走在天下人的前面，所以能够成为万物的首领。现在放弃慈而要勇敢，放弃俭而要宏大，放弃走在后面而要走在前面，必死。慈，用它来战争就取得胜利，用它来守卫就稳固。天想要救他，用慈保卫他。

六十八章

善为①士者不武②，善战者不怒，善胜敌者不与③，善用人者为④之下。是谓不争之德，是谓用人之力，是谓配⑤天，古之极⑥。

【译文】

善于担任士的人不勇敢，善于作战的人不发怒，善于战胜敌人的人不争夺，善于用人的人处在被用的人之下。这叫作不争之德，这叫作用他人之力，这叫作与天相配，这是古代的准则。

上卷 《老子》注译

① 为：担任。
② 武：勇敢，勇猛。
③ 与：争。
④ 为：在。
⑤ 配：配合。
⑥ 极：准则。

六十九章

　　用兵有言①："吾不敢为②主③而为客④，不敢进寸而退尺。"是谓行无行，攘⑤无臂，扔⑥无敌⑦，执⑧无兵。祸莫⑨大于轻敌，轻敌几丧吾宝。故抗兵⑩相加⑪，哀⑫者胜矣。

【译文】

　　用兵的人有名言："我不敢充当进攻方而充当防守方，不

---

　　① 有言：有名言。

　　② 为：充当。

　　③ 主：主人，这里指战争中的进攻方。

　　④ 客：客人，这里指战争中的防守方。

　　⑤ 攘：挽起，撩起。

　　⑥ 扔：拉。

　　⑦ 对于"攘无臂，扔无敌"，要联系"攘臂而扔之"（《老子·三十八章》）来理解。

　　⑧ 执：握，持。

　　⑨ 莫：没有什么。

　　⑩ 抗兵：指对战的两军。

　　⑪ 加：当据马王堆帛书本《老子》甲本、乙本等作"若"。相若：相近。

　　⑫ 哀：悲痛，伤心。

敢前进一寸而后退一尺。"这叫作把没有行动当作行动，把没有露出手臂当作挽起袖子、露出手臂，把没有拉敌人当作拉敌人，把没有手握兵器当作手握兵器。祸患没有什么大于轻敌，轻敌几乎丧失我的宝物。所以交战双方的军队军力相近，悲痛者取得胜利。

七十章

　　吾言甚易知①，甚易行。天下莫能知，莫能行。言有宗②，事有君③。夫唯④无知，是以不我知。知我者希，则⑤我者贵⑥。是以圣人被⑦褐怀玉。

【译文】

　　我的言论很容易了解，很容易实行。天下没有谁能够了解，没有谁能够实行。言论有宗旨，事情有主宰者。由于无知，因此不了解我。了解我的人少，效法我的人显贵。因此圣人穿着粗布衣服，怀揣着玉。

----

① 知：了解。

② 宗：宗旨，主旨。

③ 君：主宰者。

④ 唯：由于。

⑤ 则：效法。

⑥ 贵：显贵。

⑦ 被（pī）：穿。

知不知，上；不知知，病①。夫唯②病病，是以不③病。圣人不病，以④其病病，是以不病。

【译文】

知道自己不知道，是上等的；不知道自己知道，是缺点。由于把缺点看作缺点，因此没有缺点。圣人没有缺点，因为他把缺点看作缺点，因此没有缺点。

---

① 病：缺点。
② 唯：由于。
③ 不：无，没有。
④ 以：因为。

七十二章

　　民不畏①威②，则大威至。无③狎④其所居，无厌⑤其所生。夫唯⑥不厌，是以不厌⑦。是以圣人自知不自见⑧，自爱不自贵。故去彼取⑨此⑩。

【译文】

　　民众不害怕可怕的事，那么大的可怕的事就会到来。不轻视他们所居住的地方，不堵塞他们所赖以生存的来源。由于不堵塞，因此不被厌恶。因此圣人知道自己而不自以为知道，爱护自己而不自以为高贵。所以去掉彼而选取此。

①畏：害怕。

②威：通"畏"，可怕的事。

③无：通"毋"，不。

④狎（xiá）：轻视，忽视。

⑤厌（yā）：堵塞。

⑥唯：由于。

⑦此句是说，由于统治者不堵塞民众所赖以生存的来源，因此不被民众所厌恶。

⑧见：知道。

⑨取：选取。

⑩此句是说，要去掉"自见""自贵"，选取"自知""自爱"。

　　勇于敢，则杀①；勇于不敢，则活。此两者或②利或害。天之所恶③，孰知其故④？是以圣人犹⑤难之。天之道不争而⑥善胜，不言而善应，不召而自⑦来，繟⑧然而善谋。天网恢⑨恢，疏⑩而不失⑪。

【译文】

　　勇于勇敢，就死；勇于不敢，就活。这两者有的有利，有的有害。天所厌恶的，谁知道它的缘故？因此圣人尚且认为这很难。天之道是不争夺却善于取得胜利，不说话却善于

①　杀：死。

②　或：有的。

③　恶（wù）：厌恶。

④　故：缘故，原因。

⑤　犹：尚且。

⑥　而：却。

⑦　自：自然。

⑧　繟（chǎn）：舒缓。

⑨　恢：广大。

⑩　疏：稀。

⑪　失：错过。

回答，不召唤却自然来到，舒缓的样子却善于谋划。天网广大，网眼稀疏却不错过。

民不畏①死，奈何②以死惧③之？若使④民常⑤畏死，而为奇⑥者，吾得⑦执⑧而杀之。孰敢？常有司⑨杀者杀。夫代⑩司杀者杀，是谓代大匠⑪斫⑫。夫代大匠斫者，希有不伤其手矣。

【译文】

民众不害怕死亡，为什么用死亡使他们恐惧？假使民众常常害怕死亡，对于做奇异事情的人，我必须捉拿并杀死他。

① 畏：害怕。

② 奈何：为何，为什么。

③ 惧：使恐惧。

④ 若使：假使，假如。

⑤ 常：常常，经常。

⑥ 奇：奇异的，罕见的。

⑦ 得（děi）：必须。

⑧ 执：捉拿。

⑨ 司：掌管，主管。

⑩ 代：代替。

⑪ 大匠：手艺高明的木匠。

⑫ 斫（zhuó）：砍。

谁敢？常常有掌管杀人的人去杀人。代替掌管杀人的人去杀人，这叫作代替大匠砍木头。代替大匠砍木头的人，很少有不伤害他的手的。

民之饥，以①其上食②税之多，是以饥。民之难治，以其上之有为，是以难治。民之轻死，以其求生之厚③，是以轻死。夫唯④无以生为者，是贤⑤于贵⑥生。

【译文】

民众饥饿，是因为其统治者享用税收太多，因此饥饿。民众难以治理，是因为其统治者的有为，因此难以治理。民众轻视死亡，是因为其求生过重，因此轻视死亡。只有不把生命看得很重的人，才是胜过看重生命的人。

上卷 《老子》注译

① 以：因为。

② 食：享用。

③ 厚：重。另，"以其求生之厚"，傅奕本作"以其上求生之厚"，似更合理。

④ 唯：只有。

⑤ 贤：胜过，甚于。

⑥ 贵：看重，重视。

七十六章

人之生也柔弱，其死也坚强①；万物草木之生也柔脆②，其死也枯槁③。故坚强者死之徒④，柔弱者生之徒。是以兵⑤强则不胜，木强则兵⑥；强大处下⑦，柔弱处上⑧。

【译文】

人活着时身体柔弱，其死亡时身体僵硬；万物中的草木活着时柔弱，其死亡时干枯。所以僵硬的东西属于死亡之类，柔弱的东西属于活着之类。因此军队强大就不会取胜，树木强壮就会折断；强大处于下等，柔弱处于上等。

---

① 坚强：僵硬。

② 柔脆：柔弱。

③ 枯槁（gǎo）：（草木）干枯。

④ 徒：类。

⑤ 兵：军队。

⑥ "木强则兵"当据《淮南子·原道训》《列子·黄帝篇》所引老子语，作"木强则折"。

⑦ 下：等级在后的。

⑧ 上：等级高的。

七十七章

天之道其犹张①弓与？高者抑②之，下者举之，有余者损③之，不足者补之。天之道损有余而补不足④，人之道则不然⑤，损不足以⑥奉⑦有余。孰能有余以奉天下？唯⑧有道者。是以圣人为⑨而不恃⑩，功成而不处⑪，其不欲⑫见⑬贤。

【译文】

天之道大概犹如拉开弓吗？高的就向下压低它，低的就

---

① 张：拉开弓。

② 抑：按，向下压。

③ 损：减少。

④ 足：足够。

⑤ 然：这样。

⑥ 以：用来。

⑦ 奉：供给。

⑧ 唯：只有。

⑨ 为：治理。

⑩ 恃：依赖，依靠。

⑪ 处：占据。

⑫ 欲：想要。

⑬ 见（xiàn）：显现。

向上抬起它，有余的就减少它，不足的就补充它。天之道是减少有余的而补充不足的，人之道则不是这样，是减少不足的用来供给有余的。谁能用有余的来供给天下？只有得道的人。因此圣人治理而不依赖，功业完成而不占据，他不想要显现贤能。

天下莫①柔弱于水，而②攻坚强者莫之能胜③，其无以④易⑤之。弱之胜强，柔之胜刚，天下莫⑥不知，莫能行⑦。是以圣人云："受⑧国之垢⑨，是谓社稷主；受国不祥，是为⑩天下王。"正言若反。

【译文】

天下没有什么比水更柔弱，可是攻打坚强的东西没有什么能够胜过它，没有什么可以拿来替代它。弱胜强，柔胜刚，天下没有谁不知道，没有谁能实行。因此圣人说："承受国家的耻辱，这叫作社稷之主；承受国家的不吉祥，这叫作天下之王。"正面的言论好像是反面的。

① 莫：没有什么。

② 而：可是。

③ 胜：胜过，超过。

④ 无以：没有什么可以拿来。

⑤ 易：替代。

⑥ 莫：没有谁。

⑦ 行：实行。

⑧ 受：承受。

⑨ 垢（gòu）：耻辱。

⑩ 为：通"谓"，叫作。

七十九 章

和大怨①，必有余怨，安②可以为③善④？是以圣人执⑤左契⑥，而不责⑦于人。有德司⑧契，无德司彻⑨。天道无亲⑩，常与⑪善人。

【译文】

调和大的怨恨，一定有余留的怨恨。怎么可以把它看作是正确的？因此圣人手握左契，却不向债务人索取。有德的人掌管契约，无德的人掌管税制。天道没有亲近谁，常常帮助善人。

①怨：怨恨，仇恨。

②安：怎么。

③以为："以之为"的省略形式。

④善：正确。

⑤执：握，持。

⑥契：符契。古人在符契订立之后，将之剖为两半，双方各收存一半以作凭证，其中，债权人收存左边的一半，即"左契"。

⑦责：索取。

⑧司：掌管，主管。

⑨彻：周朝的田税制度。

⑩亲：亲近。

⑪与：帮助。

八十章

小国寡民。使有什伯①之器②而不用，使民重③死而不远徙④。虽有舟舆⑤，无所乘之；虽有甲兵，无所陈⑥之。使人复⑦结绳⑧而用之。甘⑨其食，美其服，安其居⑩，乐其俗。邻国相望，鸡犬之声相闻，民至⑪老死，不相往来。

【译文】

国小民少。使民众有十倍百倍于人工的器具而不使用，使民众看重死亡而不向远处迁移。虽然有船和车，没有乘坐它们的地方；虽然有铠甲和兵器，没有陈列它们的地方。使

① 伯（bǎi）：通"佰"。

② 器：器具。

③ 重：看重，重视。

④ 徙（xǐ）：迁移。

⑤ 舆（yú）：车。

⑥ 陈：陈列。

⑦ 复：再。

⑧ 结绳：文字产生之前，人们用以记事的一种方法。

⑨ 甘：味美，味道好。

⑩ 居：住处。

⑪ 至：到。

人们再结绳而用它。使他们的食物味美，使他们的衣服美丽，使他们的住处安宁，使他们的风俗欢乐。邻国互相看见，鸡犬发出的声音互相听见，民众到老死，不互相往来。

信言①不美，美言不信；善者不辩②，辩者不善；知者不博③，博者不知。圣人不积④，既以⑤为⑥人己愈⑦有⑧，既以与⑨人己愈多。天之道利而不害，圣人之道为而不争。

【译文】

真实的语言不美丽，美丽的语言不真实；善良的人言词不动听，言词动听的人不善良；知道的人知识不渊博，知识渊博的人不知道。圣人不积蓄，既然已经帮助人，自己的财物越富足；既然已经给予人，自己的财物越多。天之道是利万物而不害万物，圣人之道是做事而不争夺。

---

① 信言：真实的语言。

② 辩：（言词）动听。

③ 博：知识渊博。

④ 积：积蓄，积累。

⑤ 既以：既然已经。

⑥ 为（wèi）：帮助。

⑦ 愈：越。

⑧ 有：富足。

⑨ 与：给予。

《老子》的思想世界　下卷

无与有：
论老子之道

　　"道可道，非常道；名可名，非常名。无，名天地之始；有，名万物之母。故常无，欲以观其妙；常有，欲以观其徼。此两者同出而异名，同谓之玄。玄之又玄，众妙之门。"（《老子·一章》）老子在第一章就给道作了概括性论述。在老子看来，道是宇宙中一切的本原，生出包括天地以及存在于天地间的自然万物在内的众多的存在者；道是"常道"，有其"常名"，但是，其"常名"不可以"说"，所谓"无"和"有"等都只是道的"别名"；道不同于其所生之物，只可以"观"，而不可以感知。那么，道如何生出众多的存在者？道为何可以称作"无""有"？道为何超越感知？超越感知的道如何认知？与此相连，道与物究竟有怎样的复杂关系？这些，需要仔细分析。

一

　　"昔之得一者：天得一以清，地得一以宁，神得一以灵，谷得一以盈，万物得一以生，侯王得一以为天下贞。其致之。天无以清，将恐裂；地无以宁，将恐发；神无以

灵，将恐歇；谷无以盈，将恐竭；万物无以生，将恐灭；侯王无以贵高，将恐蹶。"（《老子·三十九章》）

从这一章可以看出，老子认为道生天地、神灵、存在于天地间的自然万物以及以侯王为代表的人类，是天地、神灵、存在于天地间的自然万物以及以侯王为代表的人类获得自己的本质属性、成为自己的根本原因。简言之，道是天地、神灵、人类以及"万物之性的根据"[1]。如果失去道的生养，天地、神灵、存在于天地间的自然万物以及以侯王为代表的人类将失去自己的本质属性，走向灭亡。由此可知，道不仅生出天地以及存在于天地间的自然万物，是自然世界的本原，还生出以侯王为代表的人类，是人类社会的本原；生出神灵，是人类的信仰世界的本原；在道所生出的众多的存在者中，只有自然万物是"物"，天、地、神、人等都不属于"物"。正因为此，老子说道是"众妙之门"（《老子·一章》），而不说道是万物之门。

关于道生天地，老子专门的讨论不多，主要有两处："无，名天地之始"（《老子·一章》），"谷神不死，是谓玄牝。玄牝之门，是谓天地根"（《老子·六章》）。这是说，道是"无"，是天地的发端处、天地的根源；道犹如"谷神""玄牝"一般具有生殖功能，生出天地。这里需要注意的是，道生天地，是道作为"无"而不是作为"有"

---

[1] 许抗生：《老子的逆向式思维与道论》，《中国哲学史》1998年第4期，第65页。

时生出天地的。

关于道生神灵，老子专门的讨论也不多，主要有一处："吾不知谁之子，象帝之先。"（《老子·四章》）这是说，道是本原性存在，像"先天地生"（《老子·二十五章》）、"似万物之宗"（《老子·四章》）那样，"象帝之先"（《老子·四章》），也即像存在于天地、自然万物之前，生天地、自然万物那样，存在于帝之前，生出帝。既然作为至上神的帝都是道所生，那么，其他神灵理所当然也是道所生。这里需要注意的是，老子的"吾不知谁之子，象帝之先"（《老子·四章》）不仅有讨论道生神灵的意思，还有论证道是本原、是"母"的意思：因为道不像其所生的存在者一样，具有"母"和"子"这双重角色，不是任何存在者之"子"，即便信仰世界中最初的存在、最高的神灵"帝"也在其后，也是其"子"。这里值得玩味的是，道生神灵，老子没有明确说道是作为"无"还是作为"有"时生出神灵的。老子言道生帝，是对"帝"这种至上神的绝对主宰性的剥夺，是以本原之道取代至上之神。相应的，"帝"之下的一般性的神，也就自然在道的掌控之下。因此，老子的道有"神"的印记。正因为如此，老子有时以"神"喻道，称道为"不死"之"谷神"（《老子·六章》）。

关于道生人，老子没有作专门的讨论。表面的原因可能是人同自然万物一样存在于天地间，老子在更多的时候是把人类当作存在于天地间的自然万物中的一种来看待的。也就是说，在老子的心中，"人"也是"物"，是自然万物的组成部分。至于天地、神灵，在老子的心中不是"物"，所以要作专门的讨论。其实，并非如此。从老子"人之生也柔弱，其死也坚强；万物草木之生也柔脆，其死也枯槁"（《老子·七十六章》）来看，老子是将人与"万物"相对，将人排除在自然万物之外的。真正的原因可能是，老子关注人类之外的存在者之"生"、之"源"更多，而对于人类自身的产生与源头却反而缺少关注。

关于道生"万物"，也即道生存在于天地间的自然万物，老子关注得最多，因而讨论得较多，主要有六处："有，名万物之母"（《老子·一章》），"天地之间其犹橐籥乎？虚而不屈，动而愈出"（《老子·五章》），"大道氾兮，其可左右。万物恃之而生而不辞"（《老子·三十四章》），"天下万物生于有"（《老子·四十章》），"道生一，一生二，二生三，三生万物。万物负阴而抱阳，冲气以为和"（《老子·四十二章》），"道者，万物之奥"（《老子·六十二章》）。这是说，道是"有"，是自然万物之"母"、自然万物的开端处；道在天地之间生自然万物，如同风箱拉出的风一样源源不断，如同洪水泛滥一样奔流不息；道生自然万物要经过一定的环节、阶段，在数量和种类上也都有一个从少到多的过程。这里需要注意的是，道生"万物"，是道作为"有"而不是作为"无"时生出自然万物的。从这里我们看到，老子的本原论主要指的是，道是自然万物的本原，生出自然万物。

道生出宇宙中的一切存在者，这些存在者之间的关系如何？老子曰："道大，天大，地大，王亦大。域中有四大，而王居其一焉。人法地，地法天，天法道，道法自然。"（《老子·二十五章》）这表明，在道所生出的一切存在者之间，彼此并不是平等的，其中，天、地以及"王"所代表的人类高出或者说优越于自然万物，自然万物的地位最低，而在天、地、人三者之中，天的地位高于地、人，地的地位高于人。基于此，人不仅要效法道，还要效法天、地；地不仅要效法道，还要效法天；天只需要效法道。至于自然万物之间彼此的地位是怎样的，老子没有明确说明。不过，从老子将自然万物当作一类而与天、地、人作比较来看，在老子的心中自然万物应该是平等的。

为何天、地高于自然万物，老子未作解释。从本原的角度看，也许与天、地生于作为"无"的道而自然万物生于作为"有"的道有关。毕竟"有生于无"（《老子·四十章》），"无"是更为根本的存在。从自然万物的生存空间看，也许与自然万物生存于天地之间有关，毕竟天地给予了自然万物存在的场所。

为何人高于自然万物，老子也未作解释。从本原的角度看，也许与人生于道，而自然万物生于作为"有"的道有关。当然，也许从经验的层面看，与人能够利用自然万物，"辅万物之自然"（《老子·六十四章》）有关。此外，老子之道除了生山天、地、人与自然万物，还生出神

灵。老子未将其列为"大",其地位难道还低于人?如果低于人,人何必信仰之?最为可能的原因是,老子之道与神相似,有着或多或少的神的意味,因而刻意回避神,不提及神的地位。

道是世界的本原,生出天地、神灵、人和自然万物,是以道之"存"而不可"废"为前提的,并且此道因为是世界的本原,先于并高于其所生的一切,也是不可能被其所生的任何存在者所"废"的,可是,当作为本原的道成为人类治理天下之"治道",虽然是理想的"治道",却有"存"而被"废"的问题,因为"治道"的选择权在人而不在道。如果统治者"废"道,即放弃作为"治道"的道,选择别的"治道",将会出现怎样的情形?老子给出的答案是:"大道废,有仁义"(《老子·十八章》),"失道而后德,失德而后仁,失仁而后义,失义而后礼"(《老子·三十八章》)。这是说,道德丧失、被废弃便产生仁义,仁义丧失、被废弃便产生礼乐。换言之,道(德)"废"而生出仁义,仁义"废"而生出礼乐。这么看,道是仁义礼乐的本原。

据此可以看出,道是一切存在者的本原,以"存"的方式生出天地、神灵、人和自然万物,以"废"的方式生出仁义礼乐。天地万物所构成的自然世界,人所构成的人类社会,神灵所构成的人类的信仰世界,仁义礼乐所构成的人类的政治领域,都根源于道的创造。这表明,道作为本原,不限于是"物"的本原。

二

老子在第一章以"无，名天地之始；有，名万物之母"，讨论道生天地与自然万物，认为所谓道生天地与自然万物，确切而言是指道之"无"生天地，道之"有"生自然万物；又以"此两者同出而异名，同谓之玄"（《老子·一章》），论述"无""有"与道的关系，认为"无"与"有"同出于道，异名同实，都是对于道的称呼。可见，"无""有"之于道的重要性。那么，道为何又叫"无"或"有"？

从老子讨论道时所言"复归于无物"（《老子·十四章》）可以得知，道既然"无物"，有"无物"状态，当然就有与之对应的"有物"、"有物"状态；道之"有物"状态既然"复归于"道之"无物"状态，道之"无物"状态就应该是道之最根本的状态，即道之"常态"，而道之"有物"状态必然依存于道之"无物"状态，显现的也就是道之"非常态"——暂时性状态。在此意义上可以说，道之"无物"状态生出道之"有物"状态，或者说，道之"有物"状态出自道之"无物"状态。当然，除却从老子所谓"复归于无物"，可以推论道之"无物"状态生出道之"有物"状态，从老子讨论道的"有物"状态时所言"有物混成，先天地生"（《老子·二十五章》），也可以作出相同的推论。既然道之"有物"状态需要"生"，有

其逻辑上的开端，说明其出自道之"无物"状态。

由此可知，正是基于道之"无物"与"无物"状态，老子将道称作"无"；基于道之"有物"与"有物"状态，老子将道称作"有"；基于道之"无物"状态在逻辑的维度先于道之"有物"状态，老子说"有生于无"（《老子·四十章》）。这里需要说明的是，老子所谓"有生于无"、"有"之"生"、"有""复归于无物"（《老子·十四章》）等，仅仅是指"有"从"无"出发，又回归于"无"。换言之，仅仅是说，"有"以"无"为"家"。这里所说的"生"是逻辑维度的，而非时间维度的。即在逻辑维度先有道之"无物"状态，然后才有道之"有物"状态，或曰先有"无"，后有"有"；而在时间维度，两者没有先后可言。

顺便指出的是，正是基于"有生于无"，老子才说："天下万物生于有，有生于无"（《老子·四十章》），而不是仅仅说"天下万物生于有"，认为万物虽然直接出自作为"有"的道，而不是作为"无"的道，但是，其根本上还是源自作为"无"的道。概括地说，道生宇宙中的一切存在者，是指"无物"之道、道在"无物"状态下生出宇宙中的一切存在者，即"无"生出一切，而对于自然万物来说，所谓道生万物是指"无物"之道、道之"无物"状态生出"有物"之道、道之"有物"状态，然后经由"有物"之道、道在"有物"状态下生出自然万物，即"无"生出"有"，"有"再生出"物"。这表明，天、地乃至神、人直接源自"无"，而自然万物直接源自"有"。这显示了道生万物的特殊性。

对于"有"或者说道之"有物"状态，老子有如下说法："道之为物，惟恍惟惚。惚兮恍兮，其中有象；恍兮惚兮，其中有物；窈兮冥兮，其中有精，其精甚真，其中有信。"（《老子·二十一章》）"有物混成，先天地生。寂兮寥兮，独立不改，周行而不殆，可以为天下母。吾不知其名，字之曰道，强为之名曰大。大曰逝，逝曰远，远曰反。"（《老子·二十五章》）

这是说，道是"有"，处于"有物"状态时，以"有物"的方式存在，"既属于'道'，也属于'物'"①。其作为"物"，乃特殊之"物"——从表面上看，是浑然一体的恍恍惚惚、深远暗淡之物，不似其所生之物那般具体、清晰；从深层次看，有"物"，有物之"象"，并且其"物""精"而有"信"，不似其所生之物那般"粗"而有确定的形象。当然，正因为"有"（道）乃"精"而有"信"之"物"，或者说由"精"而有"信"之"物"所构成，决定了其呈现出恍惚幽冥、模模糊糊的表面现象，造成了其似乎无形无声、超越感知、虚无缥缈的形象。

这是说，道作为特殊之"物"，作为"有"，虽不能生出天地，但其毕竟是道，而不是道所生出的存在者，所以，无论在时间还是逻辑层面都存在于天地之前；道作为

_____

① 陆建华：《建立新道家之尝试——从老子出发》，安徽大学出版社2011年版，第6页。

特殊之"物"，作为"有"，是绝对独立的存在，不受任何外在的因素所制约；从道（"有"）物关系上看，从本原的角度看，"有"（道）的运行呈现出从"有"到"物"，再从"物"到"有"的"周行"，即"有"通过生出自然万物而"远行"，又通过自然万物之死而回到自身；道作为特殊之"物"，作为"有"，"周行而不殆"，即生自然万物而"不殆"，持续不断地"生"，从而使得自然万物一方面由生而死，一方面又得以生生不已。正所谓"道生成万物是循环无已的过程，万物变化是遵循道的反复过程"①。另外，关于"周行"，老子还有一个特别的解释："大曰逝，逝曰远，远曰反。"（《老子·二十五章》）老子的意思是，"有"（道）生出自然万物，消耗自己的"物"（"有"中之"物"），使自己的"物"离开自己，这叫"逝"；自然万物的成长意味着构成自然万物的"有"（道）中之"物"离开"有"越来越远，这叫"远"；自然万物死亡，构成自然万物的"有"（道）中之"物"回到"有"，这叫"反"。

这是说，道作为特殊之"物"，作为"有"，由于超越感知，我们无法像感知自然万物那样感知道，从而根据道（"有"）之"实"为其命名，其真正的名称不是"道"，更不是"物"；勉强根据其无限"大"，"似不肖"（《老子·六十七章》），不像任何具体有形的有限之"物"，称

---

① 谢扬举：《老子道论通析》，《中原文化研究》2013年第6期，第41页。

其为"大"。我们以"道"名道，称呼道为"道"，只是为了表达的需要。也就是说，道之名与道之实之间没有内在的质的联系。还有，当我们称呼道为"道"时，更多的是称呼作为"有"的道、处于"有物"状态时的道为"道"。至于作为"无"的道、处于"无物"状态时的道，该如何称呼，老子没有明言。至于道作为"有"被称作"大""道"，虽然不准确，毕竟使道（"有"）有其"名"、有其"字"。而道作为"无"，连不准确的"名""字"都没有，可能是因为道作为"有"，虽然恍惚缥缈，毕竟"有物"，从"物"的角度可以勉强为之命名，而道作为"无"，属于"无物"的存在，无法从"物"的角度为之命名。当然，话又说回来，道被命名为"道""大"虽然不准确，也不是随意为之，"这种勉为其难的态度与模糊不清的表述必定是由深谋远虑与谨慎的判断力衍生而来的"①。

对于"无"或者说道之"无物"状态，老子没有作过多的描述，只是非常简洁地说道："无状之状、无物之象，是谓惚恍。"（《老子·十四章》）这也许与道是"无"时"无物"，无法从"物"的视角论说有关。这是说，道是"无"，处于"无物"状态时以"无物"的方式存在，从表面上看，也是虚无缥缈、恍恍惚惚的存在，犹如道是

① 刘笑敢：《老子哲学的思想体系：一种模拟性重构》，《南京大学学报》（哲学·人文科学·社会科学）2018年第2期，第88—89页。

"有"，处于"有物"状态时那样；从深层次看，没有"物"，因而没有"物之象"，没有"状之状"，不具有"物"的形体、形象。当然，正因为"无"（道）"无状之状、无物之象"，决定了其呈现出虚无缥缈、恍恍惚惚的样子。

三

道是"常道"，有其"常名"，却不可言说。首要的原因在于其超越感知，或者说不可感知，人们无法从感知维度知其"常名"是什么。

关于道的超越感知，最终导致道的不可言说，老子曰："道之出口，淡乎其无味。视之不足见，听之不足闻。"（《老子·三十五章》）这是说，用"视""听"的方式感知道，发现道超越人的视觉与听觉，即超越人的感知能力，无法被看到、听到，因而无法被感知、被准确言说，即便为了表达的需要而言说，也说不清楚，犹如用"舌"去感知味道，无法感知超越味觉的味道，只觉得其淡而无味，而无法言说。

由于道既是"无"，又是"有"，既有"无物"状态，又有"有物"状态，对于道的感知无外乎就是对"无"和"有"、道的"无物"状态和"有物"状态的感知。关于道的超越感知，老子还有如下论述："视之不见，名曰夷；听之不闻，名曰希；搏之不得，名曰微。此三者不可致诘，故混而为一。其上不皦，其下不昧，绳绳不可名，复归于无物。是谓无状之状、无物之象，是谓惚恍。迎之不见其首，随之不见其后。"（《老子·十四章》）

这是说，道在"复归于无物"之前是"有"，处于"有物"状态。在此情形下，即便道是"有"，是"物"，人们用"视""听""搏"等多种感知自然万物的方式感知道，也会发现道虽然是"有"，是"物"，但是，不同于其所生之"物"——自然万物，依然超越人的视觉、听觉、触觉等，即超越人的感知能力，无法被感知到。在其超越视觉，不被看到的情形下，其给我们"夷"的模糊印象——颜色太浅，浅到似乎无色的样子；在其超越听觉，不被听到的情形下，其给我们"希"的模糊印象——声音太小，小到似乎无声的样子；在其超越触觉，不被触到的情形下，其给我们"微"的模糊印象——形体太小，小到似乎无形的样子。这表明，所谓"夷""希""微"都是对于道作为"有"时的印象，都是根据这印象对于道的称呼，同"道"一样又都是道的"别名"。

这里，对于"有"的超越感知的论证，老子是从视觉、听觉、触觉等维度多方面加以论证的，认为人们"视之不见""听之不闻""搏之不得"；而对于"有"超越视觉、听觉、触觉的原因，老子是举例论证的，只论证了"视之不见"的原因："其上不皦，其下不昧"。意谓"有"由"精"之"物"所构成，是恍惚、渺茫、通透的存在，好似没有颜色的存在，其自身没有明暗对比，与周围环境也没有明暗对比，因而不但看不出其真实的样子，甚至也看不出其有任何样子。而正是基于"有"的超越感知，老子认为其"不可名"。

这里，老子的"其上不皦，其下不昧"意在论证"有"（道）的不可见、不可感知的原因，但是其"其上""其下"的表述，说明人能够看到"有"（道）及其"上""下"，还是能看出"有"（道）的。这样，如果仅限于文字的表层，老子本来用于论证"有"不可见、不可感知的文字，反而成了论证"有"可见、可感知的文字。因此，对于老子的"其上不皦，其下不昧"，我们要领会其意，而不能局限于其字。

这是说，道在"复归于无物"之后是"无"，处于"无物"状态。在此情形下，因为道是"无"，不是"物"，也"无物"，所以"无状之状、无物之象"。关于"无"（道）的超越感知，老子没有像论证"有"的超越感知那样，从视觉、听觉、触觉等维度多方面加以论证。在老子看来，"无""无状""无物"，更无"状之状"，无"物之象"，就足以说明"无"的超越感知，不必再另外论证。再者，"有"都超越感知，"无"还能被感知吗？还有，"有"因为"有物"，是"物"，容易被人们从道所生之可感之"物"——自然万物的角度去误解，所以老子要特意论证"有"之超越感知，而"无"因为"无物"、不是"物"，人们不可能从道所生之可感之"物"——自然万物的角度去理解之，所以老子没有论证"无"之超越感知。

不过，老子虽然没有从视觉、听觉、触觉等维度多方面论证"无"的超越感知，但是却论证了"无"超越感知的原因："迎之不见其首，随之不见其后"。这与论证"有"超越感知的原因时所用的手法是一样的，是举例论证的。也就是说，通过论证"无"超越视觉的原因，论证"无"超越感知的原因。

　　老子的意思是，"无"像"有""惟恍惟惚"（《老子·二十一章》）那样，也是"惚恍"性存在，恍惚、渺茫而通透，好似没有颜色，自身也没有明暗对比，所以"不见其首"，"不见其后"，不可见，不可感知。

　　这里，老子的"迎之不见其首，随之不见其后"意在论证"无"（道）的不可见、不可感知，但是其"迎之""随之"与"其首""其后"的表述，说明人能够看到"无"（道）及其"首""后"，还是能看出"无"（道）的。这与老子以"其上不皦，其下不昧"论证"有"（道）的不可见、不可感知时所遇到的困境是一样的：如果局限于文字本身，老子本来用于论证"无"不可见、不可感知的文字，反而成了论证"无"可见、可感知的文字。我们只有会其意而不限于其字，才能准确把握老子之真意。

　　由上可知，道无论是作为"无"，还是作为"有"，无论是处于"无物"状态，还是处于"有物"状态，都是"隐"而不"显"，超越感知的，并且因为超越感知而不可以从感知维度给予命名，更不可以言说。因此，老子曰"道隐无名"（《老子·四十一章》），意谓道因为"隐"

而不可感知、不可命名。老子还说"道常无名"（《老子·三十二章》），道从感知维度不可命名，在此意义上常常是"无名"的。这些提醒我们，道之"名"与道之"实"之间没有本质联系，不要轻易从"道""无""有"等道之"别名"的角度解读道之"实"。

四

道超越感知，只是说道不可以从感知的维度加以认知，人们不可以用认知自然万物的方式来认知道，并不代表道不可以"知"。如果我们囿于道的不可感知，就认为道不可以"知"，就会陷入认知误区。试想：如果道不可以"知"，老子就不可能讨论道，人们也无法把握道。

道如何认知？老子给出的方法是"涤除玄览"（《老子·十章》）。就是说，认知道的方法是"览"，也即"观"，不过，由于道是"玄"（《老子·一章》），"览"道就不是一般意义上的"览"，或者说，不是"览物"意义上的"览"，而是"玄览"。既然"览"道需要"玄览"，也就不是"目览"，而是"心览"。这么说，"观"道的认知器官不是感性认知器官目，而是理性认知器官心，相应的，"观"道也不是眼睛"看"道，而是心"观"道。而所谓心之"观"道，也不是心对于道的理性认知，而是对于道的"悟"，只有在心处于涤除杂念、干干净净的状态下才能够实现。

"涤除玄览"包括"涤除"与"玄览"两个方面，涉及认知主体心与认知对象道。心之杂念的"涤除"是能够以心"观"道的前提，那么，如何洗涤内心、清除杂念？"观"道，而道有"有""无"，如何"观"具有"有""无"两种情形的道？这些，老子都提出了具体的方法。

　　关于心之杂念的"涤除"，老子论述得不算多，给出的方法是"致虚极，守静笃"（《老子·十六章》）。就是说，心要由"实"而"虚"，达到并保持"虚"之"极"的状态；由"动"而"静"，达到并保持"静"之"笃"的状态。换言之，就是去除心之中的贪欲，同时不被心之外的各种诱惑所扰动，内心进入极度空明、安静的自然而朴实的状态。这种状态，用老子的话说，又叫"见素抱朴"（《老子·十九章》）。

　　关于"观"道，老子论述得较多，给出的首要方法是："为学日益，为道日损，损之又损，以至于无为。"（《老子·四十八章》）就是说，不同于通过感知的方法认知自然万物，需要目"视"、耳"听"、手"搏"，需要有为，通过"观"的方法认知道，是心灵在绝对虚静状态下的"观"道，是对于道的"悟"，不需要目"视"、耳"听"、手"搏"，不需要有为，相反，目"视"、耳"听"、手"搏"之类的有为反而是"观"道的障碍，因此，"观"道的方法就是减损"有为"达到"无为"，即减损目"视"、耳"听"、手"搏"以致完全放弃目"视"、耳"听"、于"搏"，在不受目"视"、耳"听"、手"搏"所影响的状态下"悟"道。

由于道有"有""无"，既是"有"，又是"无"，老子还讨论了从"无"与"有"的角度，或者说，在道的"无物"状态与"有物"状态下"观"道的方法："常无，欲以观其妙；常有，欲以观其徼。"（《老子·一章》）这是说，"观"道、认知道包括认知道之"妙"和"徼"。在道是"无"、道处于"无物"状态时，道中无"物"，因而无"状"无"象"，呈现其微妙玄奥的一面，所以才能在此情形下认知道之"妙"；在道是"有"、道处于"有物"状态时，道中有"物"，乃至是"物"，因而有"物"有"象"，呈现其自然万物发端处的一面，所以才能在此情形下认知道之"徼"。

由于道生万物，万物最终又以死亡的方式回归道，老子还讨论了从道所生之"物"的角度"观"道的方法："万物并作，吾以观复。夫物芸芸，各复归其根。"（《老子·十六章》）这是说，从自然万物的蓬勃生长、变化发展，看似离道越来越远，"观"自然万物盛极而衰，衰极而死，死而归道，即从自然万物之离道远去，"观"自然万物之"复归其根"。在自然万物"复归其根"的瞬间，在自然万物由生而死、由有而无的瞬间，自然万物之所灭处正是"道"之所在，观其所灭，就知道之所在。由于自然万物由"有"直接生出，又直接回到"有"，老子这里所谓由"物""观"道，所"观"的就不是包括"有""无"的道，也不是"无"，而是"有"。

由上可知，老子提出的关于道的认知方法——以心"观"道，其实是以心"悟"道。心在"涤除"杂念的状态下"观"道，其中的"为学日益，为道日损，损之又损，以至于无为"（《老子·四十八章》），"常无，欲以观其妙；常有，欲以观其徼"（《老子·一章》），是心灵直接面向道，直接"观"道，是对于包括"有""无"的道的认知，也即既包括对于道是"无"、处于"无物"状态的认知，又包括对于道是"有"、处于"有物"状态的认知；而其中的"万物并作，吾以观复。夫物芸芸，各复归其根"（《老子·十六章》），则是心灵面向"物"（自然万物），间接"观"道、由物"观"道，也即通过"观"物而"观"道，是对于道是"有"、道处于"有物"状态的认知。

另外，由于以心"观"道实乃以心"悟"道，道虽然可以通过"观"、通过"悟"的方式而认知，但是"悟"的过程及其结果却是超越理性、超越逻辑、超越语言的。这也是道有"常名"，却只能存于心，而不可以"名"之、不可以言说的原因。

五

道是宇宙中一切存在者的本原，生出天、地、神、人、自然万物。从天、地、神、人、自然万物从道中生出来看，天、地、神、人、自然万物似乎存在于道之外，可是，从道在空间层面的无限性来看，天、地、神、人、自然万物虽由道所生，其实存在于道之中。在这种意义上，道是"大"。这是道与天、地、神、人、自然万物等空间关系的一个方面。

从老子所云："谷神不死，是谓玄牝。玄牝之门，是谓天地根。绵绵若存，用之不勤"（《老子·六章》），可以看出，道生天、地要"用"道，是道消耗了自身而生出天、地，天、地由道所构成，在此意义上可以说，道在天、地之中。从老子所云："道冲，而用之或不盈；渊兮，似万物之宗"（《老子·四章》），可以看出，道生自然万物也要"用"道，是道耗损了自身而生出自然万物，自然万物也由道所构成，在此意义上也可以说，道在自然万物之中。以此类推，人、神等也由道所构成，道也在人、神之中。在这种意义上，道是"小"。这是道与天、地、神、人、自然万物等空间关系的另一个方面。

道生天、地、神、人、自然万物本来就决定了其对于天、地、神、人、自然万物的主宰性。天、地、神、人、自然万物存在于道之中，又由道所构成，就是说，天、地、神、人、自然万物之内外皆是道，也为道主宰天、地、神、人、自然万物提供了依据。

作为存在于道之中，又由道所构成的存在者，天、地、神、人、自然万物不仅由道所生，而且为道所主宰。老子曰："人法地，地法天，天法道"（《老子·二十五章》），道出了道之于天、地、人的主宰性以及天、地、人之于道的服从。老子曰："以道莅天下，其鬼不神；非其鬼不神，其神不伤人；非其神不伤人，圣人亦不伤人"（《老子·六十章》)，谓鬼本来可以伤人，但是在道的约束下，鬼对于人不起作用，即便想要伤人，也不敢伤人，没有能力伤人，道出了道之于鬼、神的主宰性以及鬼、神之于道的服从。老子曰：道"似万物之宗"（《老子·四章》)，道出了道之于自然万物的主宰性以及自然万物之于道的服从。

　　不过，道主宰天、地、神、人、自然万物，并不是将自己的意志强加于天、地、神、人、自然万物，更不是对于天、地、神、人、自然万物的改造、压迫乃至损害，在本质的意义上，是对于天、地、神、人、自然万物的"生"和"养"，是对于天、地、神、人、自然万物的固有本性的顺任与"保护"。可以说，道的旨意与天、地、神、人、自然万物的内在需求是合为一体的。关于这一点，老子是以道（"有"）"生""养""保护"自然万物为例，加以论证说明的："大道氾兮，其可左右。万物恃之而生而不辞，功成不名有，衣养万物而不为主。"（《老子·三十四章》)"道生之，德畜之，物形之，势成之。是以万物莫不尊道而贵德。道之尊，德之贵，夫莫之命而常自然。故道生之，德畜之，长之育之，亭之毒之，养之覆之。生而不有，为而不恃，长而不宰，是谓玄德。"（《老子·五十一章》)

　　这是说，道（"有"）生出并构成自然万物，使自然万物成形、成长、发育、成熟，不仅主宰自然万物之"生"，还主宰自然万物之"长"，在自然万物的整个生存过程中始终发挥着决定性的作用，但是道这种对于自然万物的主宰、对于自然万物所发挥的决定性作用不是对自然万物的命令、干涉，而是顺任自然万物之自然、守护自然万物之本性，并对其予以养育与爱护。正因为如此，从道的角度看，道客观上生养了自然万物，推动了自然万物的发展，是自然万物的主宰者，但是主观上并不将自然万物据为己有，并不认为自己对自然万物的生长有功，并不认为自己是自然万物的主宰者；从自然万物的角度看，自然万物客观上遵从道的旨意而生长、发育，主观上没有感受到来自道的压力，纯任自己的本性而自由地存在、发展。基于此，道被自然万物所尊崇、敬重，同时被自然万物视作有"玄德"者。基于此，冯友兰先生说："道之作用，并非有意志的，只是自然如此。"①

至于道（"有"）主宰自然万物，在本质意义上是对于自然万物的"生""养"，自然万物在道的主宰下能顺任其本性自由发展。老子还以道与自然万物的"母子"关系予以说明："天下有始，以为天下母。既得其母，以知其子；既知其子，复守其母。"（《老子·五十二章》）这是说，道（"有"）生出自然万物犹如"母"生出"子"，道主宰自然万物犹如"母"孕育、抚养"子"；道主宰自

---

① 冯友兰：《中国哲学史》（上册），华东师范大学出版社2000年版，第135页。

然万物而又让其任性而为，犹如"母"养育"子"而又尊重"子"的个性，关爱"子"的内在需求；道与自然万物的天然的亲密与和谐一致，犹如"母"与"子"的天然的血缘纽带、血亲之情。

这样，从道客观上主宰天、地、神、人、自然万物以及天、地、神、人、自然万物对于道的服从来看，道对于天、地、神、人、自然万物是"无不为"的；从道主观上并不认为自己主宰天、地、神、人、自然万物以及天、地、神、人、自然万物能够按照自己固有的本性而生存发展来看，道对于天、地、神、人、自然万物又是"无为"的。基于此，老子曰："道常无为而无不为。"（《老子·三十七章》）

综上所述，道是宇宙中一切存在者的本原，生出天、地、神、人和自然万物；道有"无物"与"有物"两种状态，可以分别称作"无"与"有"，其中，"无物"状态是更为根本的状态，"无"生出天、地乃至神、人，"有"生出自然万物。无论是"无"，还是"有"，道都超越感知，"隐"而不"显"，因而，不可以从感知维度加以认知，不可以像命名自然万物一样为其命名。认知道的方式是以心"观"道（"无""有"），对于道的洞察，包括心之直接"观"道以及心之间接"观"道，或曰由物"观"道，其实质都是对于道的"悟"；由于"悟"的超越性、"悟"的不可以言说，道虽然可以"知"，依然不可以命名。这造成了道有"常名"却不可以"名"、不可以言说。道生天、

地、神、人、自然万物，天、地、神、人、自然万物存在于道之中，又由道所构成，决定了道的主宰性，而道的主宰性又具有"无为"性质。

自然与宗教的双重存在：
论老子之天

　　天是老子哲学的重要范畴，与此相应，天论是老子的重要思想。但是研究老子思想的学者多侧重于研究老子之道、德、自然、无为、柔弱等，而对老子之天有所忽视。从目前学术界关于老子之天的研究成果来看，一般只是从本质之维认定老子之天是自然之天，而忽视老子之天的复杂性以及老子之天的特征、地位和价值等。例如，张智彦先生就曾明确指出："老子所说的'天'是指客观存在的大自然，天是没有意志的，它不是万物的主宰。"[①]"在《老子》书中，'天'指的是自然之天。"[②]詹剑峰先生也曾明确指出："老子所见的'天'基本上是自然的天。在《老子》书中，单言天时，有的处所还未摆脱拟人的意味，但天地联称和天与地对称时，就没有一丝拟人的意味，而完全是自然的天了。"[③]基于此，我以为对老子之天有深入

　　① 张智彦：《老子与中国文化》，贵州人民出版社1996年版，第110页。

　　② 张智彦：《老子与中国文化》，贵州人民出版社1996年版，第111页。

　　③ 詹剑峰：《老子其人其书及其道论》，湖北人民出版社1982年版，第388页。

研究之必要。

老子论天，有时单独论天，有时以天地连称的形式论天，有时又以"天道""天之道"或"天门""天网"的形式论天。现依据《老子》各章顺序，将老子论天的所有史料分别排列如下。

老子单独论天，出现于《老子》七章、十六章、二十五章、三十九章、五十九章、六十七章、六十八章、七十三章。在这八章中，"天"出现十二次："天长地久"（《老子·七章》），"王乃天，天乃道"（《老子·十六章》），"道大，天大，地大，王亦大。域中有四大，而王居其一焉。人法地，地法天，天法道，道法自然"（《老子·二十五章》），"天得一以清""天无以清，将恐裂"（《老子·三十九章》），"治人事天莫若啬"（《老子·五十九章》），"天将救之，以慈卫之"（《老子·六十七章》），"是谓配天，古之极"（《老子·六十八章》），"天之所恶，孰知其故"（《老子·七十三章》）。

老子以天地连称的形式论天，"天地"指天和地，不是复合词。"天地"出现于《老子》一章、五章、六章、七章、二十三章、二十五章、三十二章。在这七章中，"天地"出现九次："无，名天地之始"（《老子·一章》），"天地不仁，以万物为刍狗""天地之间其犹橐籥乎"（《老子·五章》），"玄牝之门，是谓天地根"（《老子·六章》），"天地所以能长且久者，以其不自生"（《老子·七章》），"飘风不终朝，骤雨不终日。孰为此者？天地。天地尚不能久，而况于人乎"（《老子·二十三章》），"有物混成，先天地生。寂兮寥兮，独立不改，周行而不殆，可以为天下母"（《老子·二十五章》），"天地相合，以降甘露"（《老子·三十二章》）。

老子以天道的形式论天，"天道"出现于《老子》四十七章、七十九章。在这两章中，"天道"出现两次："不窥牖，见天道"（《老子·四十七章》），"天道无亲，常与善人"（《老子·七十九章》）。

老子以"天之道"的形式论天，"天之道"出现于《老子》九章、七十三章、七十七章、八十一章。在这四章中，"天之道"出现五次："功遂身退，天之道"（《老子·九章》），"天之道不争而善胜，不言而善应，不召而自来，繟然而善谋"（《老子·七十三章》），"天之道其犹张弓与""天之道损有余而补不足"（《老子·七十七章》），"天之道利而不害"（《老子·八十一章》）。

老子以"天门"的形式论天，"天门"仅出现于《老子》十章。在这一章中，"天门"出现一次："天门开阖，能无雌乎。"

老子以"天网"的形式论天，"天网"仅出现于《老子》七十三章。在这一章中，"天网"出现一次："天网恢恢，疏而不失。"

另外，老子还论述"天子""天下"，不过，"天子""天下"乃复合词，已无"天"之意。"天子"指统治天下、统治全国的君王；"天下"多指整个国家、整个国家内的全部土地，在《老子》中还指天下之物、天下之人等。"天子"仅出现于《老子》六十二章。在这一章中，"天子"出现一次："立天子，置三公"。"天下"出现于《老子》二章、十三章、二十二章、二十五章、二十六章、二十八章、二十九章、三十章、三十一章、三十二章、三十五章、三十七章、三十九章、四十章、四十三章、四十五章、四十六章、四十七章、四十八章、四十九章、五十二章、五十四章、五十六章、五十七章、六十章、六十一章、六十二章、六十三章、六十六章、六十七章、七十章、七十七章、七十八章。在这三十三章中，"天下"出现六十一次。由于与老子天论无关，在此不一一列举。

以上所列的是老子天论的全部史料。仔细研习以上史料，我们会发现，老子之"天"非常复杂，并非"自然之天"所能概括，而且老子之"天"在老子思想中价值独特。

二

从《尚书》《诗经》《左传》《国语》等书来看，天在多数情况下被当作宗教之天，是具有主宰性和道德性的至上神，在少数情况下被看作自然之天，是与地相对应的天空，即天主要是作为神而存在。老子一方面继承了夏商周三代关于天的看法，认为天是神，另一方面又对此有明显突破，认为天还是自然的存在。这样，老子之天具有自然和宗教两重性，换言之，老子之天有时指自然之天，有时指宗教之天。当天是自然之天时，天是自然的存在，只是人们效法的对象；当天是宗教之天时，天是主宰神，则是主宰人间的神秘力量。

对于自然之天，《尚书》等未作讨论，只是将其视作自然之天而加以表述而已。老子对于自然之天则多有阐发，论述了天之由来、天之特性、天之地位、天之价值以及天在时间层面的有限性等。这是其天论最有创造性、最有价值的方面，也是其天论最有影响的方面。至于天的运行是否有其规律，如果有规律，此规律是什么，老子虽然没有详论，不过他说："不窥牖，见天道"（《老子·四十七章》），还是肯定了天运行的规律性。

关于自然之天的由来或者说本原，老子认为其源于道。他说："无，名天地之始"（《老子·一章》），"玄牝之门，是谓天地根"（《老子·六章》）。这些都直接言明道是天的源头，天由道而来。当然，老子之所以认为道是天之本原，是由道的本原性所决定的：道为宇宙万物之源，天为宇宙万物之一种，理当源出于道。至于道的本原性，在此毋庸多言。所谓"道生一，一生二，二生三，三生万物"（《老子·四十二章》），就是例证。

关于自然之天的特征，老子认为其特征是"清"。他说："天得一以清""天无以清，将恐裂"（《老子·三十九章》），"天地不仁，以万物为刍狗"（《老子·五章》）。这是说，天的唯一特征是"清"，因之，"清"乃天之为天的本质所在，天如果失去其"清"之特征就不再是天；天之"清"的特征根源于道的赋予，这也是由道的本原性所决定的，因为道决定天之生，当然就决定天之性；天作为自然性的存在，对生长于天地间的万物无所偏爱，不具有道德属性，因之，"仁"并非天之特征。

关于自然之天的地位，老子认为天属于宇宙中四种最为伟大的存在之一，其地位仅次于道。他说："道大，天大，地大，王亦大。域中有四大，而王居其一焉。人法地，地法天，天法道，道法自然。"（《老子·二十五章》）这是从道所创生的宇宙万物中抽取天、地以及"王"所代表的人类这三者为道所创造的伟大存在，将之与道并列，又在天、地、人三者中抽取天为更伟大的存在，将之置于地和人之上。这样，在道所生的宇宙万物之中，天是至高的，其具有高于地和人的优越地位，这种优越地位通过地和人效法天表现出来，只是在道与天之间，天的地位低于道而已。

关于自然之天的价值，老子认为其价值在于同地一起，协助道生万物。他说："天地之间其犹橐籥乎？虚而不屈，动而愈出"（《老子·五章》），"飘风不终朝，骤雨不终日。孰为此者？天地"（《老子·二十三章》），"天地相合，以降甘露，民莫之令而自均"（《老子·三十二章》)。这是以风箱为喻，说明天与地协助道生出天地间的万物：在道生成万物的过程中，先生出天地，天、地所构成的"天地之间"的广阔空间犹如巨大无比的风箱，风箱使静止的空气转变成流动不止的空气即风，"天地之间"协助道生成源源不断的"物"[①]。比如，天与地协助道生出风雨和甘露，而且甘露的分布还是均匀的。

关于自然之天在时间层面的有限性，老子认为天虽乃道所生之物，有其生灭，不能超越物之有限性，不能像道那样永恒，与道相比是有限的存在，但是天与地作为道所生的自然万物中伟大的存在，其生存时间比任何他物都要持久。他说："天长地久"。（《老子·七章》）这是说，天与他物虽然都是有限的存在，但是与他物相比又是长久的存在。老子之所以赋予天以及地存在的长久性，是因为天、地是万物生存发展的场所，离开天、地，万物就无处存身。不过，老子对此没有明确说明，而是给出别的理由："天地所以能长且久者，以其不自生，故能长生。"（《老子·七章》）这是说，天和地一样，其存在不是为了自身，而是为了生存于天地之间的万物，这样，万物即使是为了自己，也不但不会伤害天、地，而且还要保护天、地，从而保护自己的生命家园。天与地一样不被伤害，反被保护，存在的时间自然就长久了。

关于自然之天与人的关系，老子认为自然之天不是

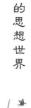

———————
　①陆建华：《建立新道家之尝试——从老子出发》，安徽大学出版社2011年版，第12页。

"神"，不会干预、主宰人事，只是由于天与人虽然同属宇宙中四种伟大的存在，但是天优越于人，居于仅次于道的崇高地位，人因此应主动效法天，从天那里获得人生智慧。他说："人法地，地法天"（《老子·二十五章》），就是说，人不仅要效法地，还要效法天。那么，人应效法天的哪些方面？老子举例说："飘风不终朝，骤雨不终日。孰为此者？天地。天地尚不能久，而况于人乎"（《老子·二十三章》），"天地不仁，以万物为刍狗；圣人不仁，以百姓为刍狗"（《老子·五章》），"天地所以能长且久者，以其不自生，故能长生。是以圣人后其身而身先，外其身而身存。非以其无私邪？故能成其私"（《老子·七章》）。这是说，天和地一起协助道产生风和雨，但是风和雨只遵从道，天和地却无力让风和雨持续不止，因此，天和地对风雨、对生长于其间的万物"无为"，人效法天、效法地，对万物也要"无为"，切不可不自量力；天和地不具有德性，因而"不仁"，即客观地对待万物而无所偏爱，作为理想人格的圣人①要效法天和地，对其所统治下的百姓"不仁"，即平等地对待百姓而无所偏爱；天和地之所以能够长生，是因为生不为己，为了生长于天地间的万物，圣人要效法天地，为他人谋利，把自己置于他人之后、把自己置之度外，从而不被他人伤害，得以长生、得以实现其无私背后的私心。这是要求人们在处理、

---

① 陆建华：《圣人与士：老子的理想人格》，《孔孟月刊》2012年第五十卷第五、六期，第36页。

应对自然万物与人的关系时效法天之无为，要求统治者在治理天下、处理君与民的关系时效法天之"不仁"，要求圣人在养生时效法天之"不自生"。总之，天之所有，就是人之所要效法的。

三

对于宗教之天，《尚书》等多有论述，涉及宗教之天的主宰性、道德性等。老子对于宗教之天也有阐发：赋予其主宰性，多数情况下又在赋予其主宰性的前提下赋予其道德性，这使得天在主宰人事时呈现道德的、善的一面。不过，在少数情况下，老子又认为天只具有主宰性而不具有道德性。宗教之天的主宰性的赋予，宗教之天之于人的主宰，既是宗教之天的属性、特征，也是其之于人的价值及其显现。

在老子那里，宗教之天无处不在，主宰着人间万事。他说："天网恢恢，疏而不失"（《老子·七十三章》），以"网"之于鱼，喻天之于人；以"网"之网眼虽"疏"，却能网尽水中之鱼，即无漏网之鱼，喻天虽高远至极，其威力却广大无边，主宰着人世间的一切，任何人不可能侥幸逃脱天的宰制。为了神话天的威力，老子还在天与人之间夸张天的魔力，他说："天之道①不争而善胜，不言而善应，不召而自来，繟然而善谋。"（《老子·七十三章》）这是说，天与人相比，"不争""不言""不召""繟然"，但是，"善胜""善应""自来""善谋"，即不争斗、不言说、不召唤、看似迟缓，但是，却善于得胜、善于回应、善于自动到来、善于谋断。这种天的神力、天之于人的威力是直接针对人而言的，活灵活现，神秘莫测。

关于宗教之天主宰人间万事时所显现的道德性，老子认为天是善的存在，这种善体现为维护人间的公平、有利于人的生存与发展，体现为佑护善人、仁慈天下。前者是天在天下所有人面前展现善，后者是天在部分人面前、善人面前展现善。由此可以看出，宗教之天的道德性与自然

① "天之道""天道"的本意是天上星辰的运行途径；由于星辰运行是周而复始的，其途径是固定不变的，"天之道""天道"又有天上星辰运行规律的意思；其后，"天之道""天道"又指天的运行规律；又由于古人以为"天之道""天道"对应、决定人事吉凶，"天之道""天道"又有天意、涵盖天地人的普遍法则等意。陈来先生认为春秋时代的"天道"有大致三义：第一种是宗教的命运式的理解，把"天道"作为一种上天之安排；第二种是继承周书中的道德之天的用法，在这种用法中，天道不是作为纯粹自然变化的法则，而是体现为道德意义的法则和秩序；第三种就是对"天道"的自然主义的理解，天道就是宇宙的常道。（陈来：《古代思想文化的世界——春秋时代的宗教、伦理与社会思想》，生活·读书·新知三联书店2002年版，第63—66页）除却"不窥牖，见天道"（《老子·四十七章》），老子心中的"天之道""天道"之"天"多指宗教之天，其所谓的"天之道""天道"多指天意。

之天的自然性形成鲜明对比。

关于宗教之天在天下所有人面前所展现的善、对所有人所实施的普遍的善，老子说："天之道其犹张弓与？高者抑之，下者举之，有余者损之，不足者补之。天之道损有余而补不足，人之道则不然，损不足以奉有余"（《老子·七十七章》），"天之道利而不害"（《老子·八十一章》）。这是说，人道是减少、剥夺不足的人、穷苦的人的财富，用来供奉有余的人、富裕的人，是少数统治者强加给人民的法则，它使得社会贫富差距加大、贫富分化剧烈，体现的是社会的不公，反映的是弱肉强食，导致的最终结果是社会的混乱以及在社会混乱状态下的民不聊生、民众的抗争；天道也即天意则是减少、剥夺有余的人、富裕的人的财富，用来补给不足的人、穷苦的人，是上天对人类财富的安排、分配，它意在缩小乃至取消社会贫富差距、消除贫富分化，体现的是社会的公正、均平，反映的是全体民众的愿望，达到的终极目标是社会的和谐和美好，实际上是对所有的人行"善"、对所有的人有利。基于此，老子认为天是至善的化身，天之于人有利无害。

关于宗教之天在部分人面前所展现的善、对部分人也即善人所实施的善，老子说："天将救之，以慈卫之"（《老子·六十七章》），"天道无亲，常与善人"（《老子·七十九章》）。这是说，在天的视界中，人没有亲疏乃至贵贱之别，只有道德层面的善与不善之别，而人之善与不善是取决于人自身的；天所佑护的只是善人，相应的，其所惩罚的则是不善的人；天佑护善人，表现在拯救善人于苦难之中，使之脱离苦海，并用慈爱护卫之，使之感受到天的仁慈与伟大。基于此，老子认为天是"善人"的保护神，天之于人扬善惩恶。

关于宗教之天在少数情况下只有主宰性而没有道德性，老子说："天之所恶，孰知其故？"（《老子·七十三章》）这是说，天因为没有道德性，并不一定赏善罚恶，人们因而不能从道德的层面预测、判断天之所为，不能领会天意，更不能通过自身的道德实践来祈赏避祸、趋利避害。在此情形下，天之所恶，即使有其原因，人们也无法知道其原因。相应的，天之所爱，也是如此。这样的天，给人带来的只有恐惧。

由于宗教之天主宰人事，人在天面前别无选择，能够做的除了"事天"（《老子·五十九章》）之外，就是顺从、效法天意。在此情形下，宗教之天与人的关系就是天主宰人、人服从并效法天。老子举例说："天之道利而不害，圣人之道为而不争"（《老子·八十一章》），"善为士者不武，善战者不怒，善胜敌者不与，善用人者为之下。是谓不争之德，是谓用人之力，是谓配天，古之极"（《老子·六十八章》）。这是说，宗教之天作为至善的存在，拥有人们所能想象到的一切德性，不同的人应根据自身的状况、自己的角色、行动的目的等遵从天意，效法天之德性，从而获得成功。例如，天之于人、之于万物有利无害，圣人顺从、效法天意，就要"不争"，不与他人争名夺利；天有"不武""不怒""不与""为下"之德，"为士者""战者""欲胜敌者""用人者"等就要分别顺应、效法天之"不武""不怒""不与""为下"之德，符合天意，方才获得天之佑护、赏赐，取得成功，从而成为"善为士者""善战者""善胜敌者""善用人者"。

另外，当天为自然之天时，"天法道"（《老子·二十五章》），天在道的制约之下。当天为宗教之天时，道与天有着怎样的关系？天还是至上神吗？老子未曾明言。从道制约自然之天，似可以推论，道也制约宗教之天。不过，自然之天没有神意，自然之天根源于道，道制约自然之天是合乎情理的，更何况老子又曾明言道制约自然之天，可是，宗教之天毕竟是"神"，宗教之天的神意是通过其主宰性表现出来的，似又不可以根据道制约自然之天而简单类推道也制约宗教之天。从老子论道曰："吾不知谁之子，象帝之先"（《老子·四章》），可知道存在于帝之先。在中国古代，时间之先后、空间之上下等常常意味着贵贱尊卑之等级，由道存在于帝之先，可以推断道制约帝。从《尚书》等来看，夏商周三代天、帝没有特别明确

的区分①，都是至上神，既然道制约帝，应可推知道也制约宗教之天。就是说，宗教之天在道的控制之下。这样，宗教之天是神，但是不再是至上存在；宗教之天的主宰性受制于道的主宰性。

由上可知，老子之天并非简单的自然之天，老子之天也并非在自然之天的前提下有道德意味；老子之天是复杂的，有自然和宗教两重性。对于自然之天，老子认为天源于道，天的特征是清明，天的地位仅次于道，天的价值在于同地一起协助道创生万物，同时为万物提供生存场所，天比万物生存的时间更持久。基于自然之天的自然性，天并不主宰人，而人只是效法天，以获取生存智慧。这是老子论天最具创造性的方面，也是其天论区别并高于儒墨诸家的地方。对于宗教之天，老子认为天具有主宰性，天主宰人间万事时体现其道德性，这种道德性又体现在天一方面对所有的人"善"，另一方面仅对善人"善"。基于宗教之天的主宰性，人们唯有事天、从天，以获取天的佑护。

---

① 例如，《尚书·汤誓》载汤出师讨伐夏桀的誓词曰："有夏多罪，天命殛之。今尔有众，汝曰：'我后不恤我众，舍我穑事，而割正夏？'予惟闻汝众言，夏氏有罪，予畏上帝，不敢不正。"《尚书·召诰》载召公对周成王所言："呜呼！皇天上帝改厥元子，兹大国殷之命。惟王受命，无疆惟休，亦无疆惟恤。呜呼！曷其奈何弗敬。"在这些表述中，都是天、帝不分的。另，陈来先生认为《尚书·汤诰》中"既有上天，又有上帝，从文中所述来看，是异名同指"，也是此意。（陈来：《古代宗教与伦理——儒家思想的根源》，生活·读书·新知三联书店1996年版，第165页）

这是老子论天相对保守的方面，也是其天论与儒墨诸家相似的地方。另外，老子还认为同自然之天一样，宗教之天也受制于道。这又是其宗教之天不同且高明于儒墨诸家之处。

下卷　《老子》的思想世界

道与圣人的双重维度：
论老子之无为

"无为"是老子哲学的重要范畴，本是道的属性。圣人是道的化身，既具有道的特质，又效法道，因而也有道所具有的"无为"的属性。这样，"无为"的主体就包括道和圣人[①]，或者说，"无为"有道和圣人这双重维度。此外，老子的"无为"又是与其反面"无不为"紧密相连的。那么，何谓"无为"？道和圣人的"无为"是否有区别？如果有区别，究竟有怎样的区别？这些都需要从"无为"的反面，以及"无为"的主体——道和圣人的维度加以思考。

[①] 刘韶军先生认为，整体理解《老子》全书，可看出"无为"的行为主体为"圣人"或"侯王"，又认为"圣人"与"侯王"是同一种人。（刘韶军：《试论〈老子〉'无为'的行为主体及丰富内涵》，《华中师范大学学报》（人文社会科学版）2008年第6期，第83页）其实，《老子》中未曾有"侯王"无为的说法，"侯王"是"有为"者，是"圣人"的反面；在《老子》中，"圣人"与"侯王"是两个概念，前者指得道的君王，后者指没有得道的君王。

一、无为含义：都"不为"

在常识的意义上，由于"有"与"无"相对，"无"的反面是"有"，人们一般便认为"无为"的反面是"有为"或者"为"。从"有为""为"的维度看"无为"，"无为"应该就是指"不为"。这种理解及其思维路径大体上不缪。但是，要据此解读老子所谓的"无为"，以为老子的"无为"就是"不为"，则未必十分准确，未必合乎老子之意。我们来看老子的相关表述。

从"道常无为而无不为"（《老子·三十七章》）来看，"无为"首先是道的属性，这是老子论述"无为"的基石。在老子看来，由道的"无为"，才有可能有人的"无为"。

从"道常无为而无不为。侯王若能守之，万物将自化"（《老子·三十七章》）来看，"无为"作为道的属性是"侯王"所应该效法、持守和拥有的，但是"侯王"不能效法道而持守、拥有这种属性，更不会做到"无为而无不为"。这意味着不是所有的人都能做到"无为"，即便"侯王"这种政治上高贵的存在也做不到，只有与"侯王"相对的"圣人"作为道的化身才能够效法道而持守、拥有道的"无为"属性，并且做到"无为而无不为"。《老子》中有关"圣人"无为的表述也清楚地证明了这一点。

从"道常无为而无不为"（《老子·三十七章》）以

及圣人"无为而无不为"（《老子·四十八章》）来看，老子认为道之"无为"和圣人之"无为"在概念或者说范畴的层面、在本质的层面是相同的，其"无为"的反面并不是"有为"或者"为"，而是"无不为"。由于"无不为"的意思是无所不为，在所有的方面都"为"，即"都有为"，而不是有所为、在有的方面"为"，这意味着"无为"就是在所有的方面都"不为"，简言之，就是"都不为"，而不是"不为"。

从"道常无为而无不为"（《老子·三十七章》）以及圣人"无为而无不为"（《老子·四十八章》）来看，老子还认为"无不为"对于"无为"来说，就像一个幽灵一样，始终"伴随"着"无为"，道之"无为"和圣人之"无为"与其反面"无不为"并非除了词义上的对立、相反之外毫无关联，而是有着内在的联系。一方面，如上所述，"无不为"是解读"无为"的一面镜子、一把钥匙；另一方面，"无不为"至少是"无为"的结果或目标，甚或"无为"有着"无不为"的因素。

从道和圣人的"无为而无不为"来看，如果道和圣人的"无为"是客观的，那么，在此情形下，"无为"与"无不为"就是过程与结果、效果的关系，手段与目标的关系，由"无为"达至"无不为"就是真实的、自然的。如果道和圣人的"无为"是主观的，那么，在此情形下，"无为"就意味着"无不为"，更准确地说，主观上的"无为"就是客观上的"无不为"，"无为"与"无不为"就不仅是过程与结果、效果的关系，手段与目标的关系，还是表和里的关系、主观与客观的关系，由"无为"达至"无不为"就是虚假的、表面的。

那么，道和圣人的"无为"究竟是客观的，还是主观的？道和圣人的"无为"在客观性或主观性上是否依然相同或者说一致？这些，是需要我们在确切理解"无为"的含义之后作具体的、进一步的分析的。

二、道之无为：主观上的无为

我们知道，道是老子哲学的最高范畴，不仅生出天地、人类与自然万物等，主宰天地、人类、自然万物等之"生"，养育天地、人类、自然万物等，主宰天地、人类、自然万物等之"存"；而且还决定天地、人类、自然万物等的死亡以及死亡之后的去处，主宰天地、人类、自然万物之"死"以及"归"。比如，老子曰："无，名天地之始；有，名万物之母"（《老子·一章》），"道生一，一生二，二生三，三生万物"（《老子·四十二章》），就是说道生天地万物，使天地万物由"无"而"有"，决定天地万物之"生"。比如，老子曰：道"衣养万物"（《老子·三十四章》），对于万物"长之育之，亭之毒之，养之覆之"（《老子·五十一章》），就是说道养育自然万物，使自然万物成长、成熟，决定自然万物之"存"。再如，老子认为自然万物"不道早已"（《老子·三十章》

《老子·五十五章》），人遵从道，则能"长生久视"（《老子·五十九章》），就是说自然万物如果违背道、抗拒道，就将受到道的惩处，早早死亡；人如果遵从道、顺应道，就将活得长久、死得很迟。这表明，道决定人和自然万物之"死"。再如，老子曰："万物并作，吾以观复。夫物芸芸，各复归其根"（《老子·十六章》），就是说道安排自然万物死亡之后的去处是道自身，让自然万物以死亡的方式回到道，决定自然万物之"归"。在此意义上，道对于天地、人类、自然万物等可以说是所有方面都"为"，无所不为的，而这种所有方面都"为"、无所不为就是"无不为"。正是基于此，老子从道物关系的维度说：道"似万物之宗"（《老子·四章》），直言道客观上是自然万物的主宰者；又从道与天、地、人的关系的维度说："人法地，地法天，天法道"（《老子·二十五章》），说明道客观上主宰天、地、人，所以天、地、人必须无条件地效法道，除此之外，别无选择。

不过，老子认为虽然道在客观上主宰天地、人类、自然万物等，对于天地、人类、自然万物等"无不为"，但是主观上对于天地、人类、自然万物等却是"无为"。为此，老子以道与自然万物的关系为例对此予以论证。他说："大道氾兮，其可左右。万物恃之而生而不辞，功成不名有，衣养万物而不为主。常无欲，可名于小；万物归焉而不为主，可名为大。以其终不自为大，故能成其大。"（《老子·三十四章》）"道生之，德畜之，物形之，势成之。是以万物莫不尊道而贵德。道之尊，德之贵，夫莫之命而常自然。故道生之，德畜之，长之育之，亭之毒之，养之覆之。生而不有，为而不恃，长而不宰，是谓玄德。"（《老子·五十一章》）"夫物芸芸，各复归其根。"（《老子·十六章》）

这是说，道客观上生出自然万物，赋予自然万物以生命、形体；客观上养育、保护自然万物，促使自然万物成长发展、走向成熟；客观上决定自然万物通过死亡归向道。这是确定的，不可改变的。基于此，可以说，道客观上对于自然万物"无不为"，是自然万物的主宰者，道相对于自然万物是伟大的、至上的存在。但是，道主观上"不名有""不为主""不自为大"，对于自然万物"不有""不恃""不宰"。就是说，道主观上并不将自然万物看作自己的附属物、"私有财产"，而是将其看作独立的、与自己平等的存在者；并不认为自己对自然万物的生存与发展尽了力，而是将其生存与发展过程看作是自然、自主的过程；并不认为自己主宰自然万物，而是将其看作是不受任何外在力量所左右的、可以自己主宰自己的存在者。简言之，道主观上把自然万物看作与自己对等的、独立自主的存在者，并不觉得自己是自然万物的主宰者。这表明，道主观上对于自然万物是完全放任的，不管不顾的，不加干涉的。也就是说，道主观上对于自然万物是"无为"的。

问题是，道客观上对于自然万物"无不为"，主观上为何却又认为自己对于自然万物是"无为"的？这是因为道虽然客观上主宰自然万物之"生""死"以及自然万物从生到死之全过程，但是这种主宰，不是对于自然万物的外在的强制，不是对于自然万物的本性的扭曲与破坏，而是对于自然万物的本性的预先"决定"，或者说"规定"。一旦自然万物的本性在自然万物出生时就被"确定"，那么，道主宰自然万物就表现为顺任、守护自然万物之本性，同时，自然万物只要按照其本性而生存、发展，就感觉不到道的主宰。这样，道就主观上觉得自己对于自然万物"无为"，自然万物也就感受不到道之"为"，而以为道之于自己是"无为"的。

由此可以看出，道之于天地、人类、自然万物等的"无不为"是从天地、人类、自然万物等的内部"为"，是对于天地、人类、自然万物等的本性层面的"为"，是对于天地、人类、自然万物等的本质的"规定"，天地、人类、自然万物等只能按照道所"设定"的"程序"而生存、发展。从天地、人类、自然万物等的外部来看，道是"无为"的。因为天地、人类、自然万物等所谓按其本性而生存、发展实质上就是按照道"设定"的"程序"而生存、发展，别无选择，道不需要"为"。由此还可以看出，道之于天地、人类、自然万物等的"无不为"不仅是客观的，还是内在的；道之于天地、人类、自然万物等的"无为"不仅是主观的，还是外在的。

这样，道之于天地、人类、自然万物等的"无为"，仅限于主观的层面。在客观的层面，道之于天地、人类、自然万物等不仅是"为"的，而且是"无不为"的。基于此，也可以说，道之于天地、人类、自然万物等的"无为"是表面的，在本质的层面，其对于天地、人类、自然万物等是"无不为"的。这样，道之"无为"与"无不为"就是主客观的关系、表与里的关系。由于道之于天地、人类、自然万物等的"无为"的背后是"无不为"，我们甚至可以说，这种"无为"有着"无不为"的因素，打上了"无不为"的烙印。

三、圣人对自然万物之无为：客观上的无为

道之于天地、人类、自然万物等的"无为"是主观的，其"无为"的对象、范围是其所生出的一切存在者。圣人效法道而有"无为"的特质，那么，其"无为"将是怎样的呢？

我们知道，道的"无为"的对象、范围之所以包括其所生出的一切存在者，是因为其优越于其所生出的一切存在者，其所生出的一切存在者如天地、人类、自然万物等都在其之"下"。老子虽然说"道大，天大，地大，王亦大。域中有四大，而王居其一焉"（《老子·二十五章》），列以"王"为代表的人类为四种伟大的存在之一，但是从"人法地，地法天，天法道"（《老子·二十五章》）来看，人的地位不仅低于道，而且还明显低于天地。这意味着圣人作为"人"，其"无为"的对象、范围，

就"人"之外的存在者而言，不可能包括天地，只能限于存在于天地之间的自然万物。这是圣人之"无为"和道之"无为"在对象、范围方面的差别。

如上文所述，道之"无为"乃主观上"无为"，客观上道是"无不为"的，表现为"万物恃之而生而不辞，功成不名有，衣养万物而不为主"（《老子·三十四章》），"生而不有，为而不恃，长而不宰"（《老子·五十一章》）。圣人作为道的化身，效法道的"无为"，而有"圣人处无为之事，行不言之教，万物作焉而不辞，生而不有，为而不恃，功成而弗居"（《老子·二章》），"生而不有，为而不恃，长而不宰"（《老子·十章》），"圣人为而不恃，功成而不处，其不欲见贤"（《老子·七十七章》）。

这里，老子关于圣人之"无为"与道之"无为"的表述，在文字层面十分相似：圣人之"无为"与道之"无为"看似同样是主观上的"无为"，并且在客观上圣人与道同样"为"，而且是"无不为"。就此而言，圣人"无为"是对于道之"无为"的"模仿"，圣人和道的"无为"从主客观层面看似是没有区别的。这里，老子关于圣人"无为"的表述只论及圣人"无为"的外在方面，涉及言、行两面，包括行为上的"无为"和语言上的"不言"。就其强调"不言"而言，体现了圣人"无为"的特色。

可是，关于圣人对于自然万物的"无为"，老子还有更深刻的说法："辅万物之自然而不敢为。"（《老子·六十四章》）这是说，圣人不能像道那样"决定"自然万物之本性，对于自然万物的"无为"只是辅助、顺应自然万物之本性而任其自然发展，不加干涉，主观上对于自然万物更是"不敢为"。这说明，圣人对于自然万物的"无为"看似同道的"无为"一样，是主观上的"无为"，实则是客观上的"无为"。这是圣人的"无为"和道的"无为"最大的区别。

联系"辅万物之自然而不敢为"前面的文字："为者败之，执者失之。是以圣人无为，故无败；无执，故无失。民之从事，常于几成而败之。慎终如始，则无败事。是以圣人欲不欲，不贵难得之货；学不学，复众人之所过，以辅万物之自然而不敢为"（《老子·六十四章》），可知，圣人之"无为"不仅是客观上的"无为"，其"无为"还包括内外两个方面，涉及行为和内心两面，包括行为方面的"无为""无执""不学"和内心方面的"不欲"。其中，内心方面的"不欲"是外在方面"无为""无执""不学"的基础。就其强调内心"不欲"，拓展出"无为"之于人的心灵的一面，体现了圣人的"无为"因为是"人"的"无为"，而具有的不同于道的"无为"的特点。

那么，为什么圣人的"无为"和道的"无为"有如此大的区别，圣人不能像道那样对于自然万物主观上"无为"、客观上"无不为"？这不仅涉及人与自然万物的关系，而且还涉及人、自然万物与道的关系。其中，后者决定前者。就是说，人、自然万物与道的关系决定人与自然

万物的关系。

就人与自然万物的产生来说，都出自道；就人与自然万物的存在与发展来说，都为道所主宰、决定；就人与自然万物的本性来说，都是道所赋予的，这是确定的，不可改变的。这表明人与自然万物都听命于道、服从于道，除却道之外，人与自然万物不必屈服于任何存在者；人不可以干涉自然万物，更不可以改变自然万物的本性。再说，在道的面前，人与自然万物是平等的。所谓人高于、优越于自然万物，仅仅是人与自然万物相比较而言的，并不是绝对的，并不代表人能够主宰自然万物，就像天地高于、优越于人类，并不代表天地能够主宰人类一样。

老子所谓"物或损之而益，或益之而损"（《老子·四十二章》），就明确指出自然万物是按照自己的方式"损""益"、变化与发展的，是不以人的意志为转移的。老子所谓"物或行或随，或歔或吹，或强或羸，或挫或隳"（《老子·二十九章》），就明言自然万物之"行""随""歔""吹""强""羸""挫""隳"等是自然万物自身的常态，与人为无关。这也说明，圣人对于自然万物的"无为"是客观的，同时也是被动的，在道与人的关系上，圣人"无为"是效法道之"无为"的缘故；在人与自然万物的关系上，圣人"无为"是自然万物不可以被人所"改变"的缘故。

四、圣人对民众之无为：客观上的无为

由于在"人"之中，圣人是最高的存在者，高于、优越于其他任何"人"。在圣人的视界中，在其之下的其他任何"人"都只是"民"。因此，圣人具有统治国家和治理民众的能力与权力。这意味着圣人"无为"的对象、范围在"人"之中是处于圣人之下的民众，以及由圣人自己和民众所组成的国家。由于国家由圣人和民众组成，治理国家本质上就是治理民众，所以确切地说，圣人"无为"的对象、范围在"人"之中就是处于圣人之下的民众。

关于圣人对于民众的"无为"，老子有以下说法："圣人云：'我无为而民自化，我好静而民自正，我无事而民自富，我无欲而民自朴。'"（《老子·五十七章》）"不言之教，无为之益，天下希及之。"（《老子·四十三章》）

这是说，圣人的"无为"是客观上的"无为"，涉及外在和内心两面，包括外在方面的"无为""无事""不言"和内心方面的"好静""无欲"。其中，外在方面又可分为行为上的"无为""无事"和语言上的"不言"。内心方面的"好静""无欲"无疑是外在方面"无为""无事""不言"的基础。这里，圣人"无为"的结果是民众的"化""正""富""朴"，即化育、端正、富足、质朴。而这也正是圣人治理国家、治理民众所要实现的理想目标、

所要达到的最好的效果。这里，民众的"化""正""富""朴"乃是"自化""自正""自富""自朴"，是民众按照其本性而发展，自然而有的结果。这也解释了圣人"无为"的深层原因：民众所自然达到的结果与圣人对于民众的要求、圣人为政天下的目标是天然一致、完全相同的。这样，圣人"无为"而"功成事遂"（《老子·十七章》），似乎"无不为"；"百姓皆谓我自然"（《老子·十七章》），认为圣人"无为"，自己所得到的一切都出自自己之"自然"。如此，"圣人的'无为'必然导致百姓的'自然'"①，圣人与民众因为彼此互不相扰、相安无事而皆大欢喜。如此，圣人"治大国若烹小鲜"（《老子·六十章》），不感到治国之艰难；民众也仅仅知道圣人的存在而已："下知有之"（《老子·十七章》）。胡适正是基于此而说："老子理想中的政治，是极端的放任无为。"②

这也说明，圣人之于民众的"无为"除了效法道之"无为"、民众的本性不可改变等原因之外，还有对于民众不需要"为"的原因。这样，圣人对于民众的"无为"就具有某种主动性，也可以说是一种主动选择的结果。

由上可知，圣人之于民众的"无为"的外在方面，包括行为上的"无为""无事"和语言上的"不言"。关于行

---

① 曹峰：《老子永远不老：〈老子〉研究新解》，中国人民大学出版社2018年版，第163页。

② 胡适：《中国哲学史大纲》，东方出版社1996年版，第37页。

为上的"无为""无事"，老子有详细的说明："不尚贤，使民不争；不贵难得之货，使民不为盗；不见可欲，使民心不乱。是以圣人之治，虚其心，实其腹，弱其志，强其骨，常使民无知无欲，使夫智者不敢为也。为无为，则无不治。"（《老子·三章》）这是通过举例的方式说明，圣人之于民众在行为上的"无为""无事"包括"不尚贤""不贵难得之货""不见可欲"等所有的方面，不做"尚贤""贵难得之货""见可欲"等所有的"事"，即在行为上"都不为"。这里，圣人之于民众在行为上的"无为""无事"，意在让民众持守道，保持"初心"，从而朴实自然，柔弱不争，无知无欲。这样，圣人"为无为，则无不治"。这也从反面说明，如果统治者"有为"，采取"尚贤""贵难得之货""见可欲"等措施，结果将是民众自以为"智"，违背道，丧失"初心"，热衷于争夺，纵欲妄为，其最终的后果将是国家大乱。

基于一般人以为统治者治理民众、治理国家一定要"为"，老子认为圣人之于民众、之于国家即便一定要"为"，这种"为"也一定是"无为"，即以"无为"为"为"。所以，他说："为无为，事无事。"（《老子·六十三章》）

基于圣人治理民众、治理国家的"无为"，老子甚至认为圣人取得天下也要"无为"："取天下常以无事，及其有事，不足以取天下。"（《老子·四十八章》）就是说，圣人取得天下应该是自然而然、水到渠成的，是民心所向

下卷　《老子》的思想世界

一八五

的结果，而不是强力有为、争夺拼杀的结果。

通过以上的分析可知，老子的"无为"从概念上看，在老子的语境中是指"都不为"，而不是"不为"；从主体的维度看，如果囿于史料的多寡，会以为"主要是指圣人无为"[①]，其实包括道"无为"和圣人"无为"，且道"无为"是圣人"无为"的根据。道"无为"的对象、范围是其所生出的天地、人类、自然万物等所有的存在者，道"无为"本质上是主观上的"无为"，其"无为而无不为"，是主观上"无为"，客观上"无不为"。圣人"无为"的对象、范围是自然万物和民众。圣人之于自然万物的"无为"看似是主观上的"无为"，实则是客观上的"无为"，但是，是被动的；圣人之于民众的"无为"是客观上的"无为"，且具有某种主动性。圣人"无为而无不为"，是客观上"无为"，却又收到"无不为"所要达到的理想效果。

① 刘笑敢：《老子之自然与无为概念新诠》，《中国社会科学》1996年第6期，第144页。

以道观礼：
论老子之礼

    老子生活的春秋后期，社会动荡和政治无序的混乱局面日益加剧。客观地说，这种"阵痛"是社会转型的必经过程和明显标志。当时的政治家和思想家却惊恐于这种所谓乱世，都围绕礼的存废探讨造成此种局面的根由。他们中的多数人像儒家孔子一样，将之归咎于礼崩乐坏，即礼之废。道家老子则将之归结为礼治自身，即礼之存。不同于持"礼废世乱"观点的哲人们幻想恢复礼治来重新整治社会，老子由"礼存而世乱"的思维路径出发，企图以道代替礼、以道治取代礼治。为此，有别于前者高扬礼的价值，为礼的存在的合理性作理论说明，老子以道为准审视和省察礼，几乎全盘否定礼的存在的必要性及治世功用，为礼的"缺憾"作哲学证明。这样，老子所构建的礼学体系便呈现强烈的批判性，而与其同时代的孔子等所构筑的礼学学说的鲜明的建设性旨趣大异。

一

    礼本身是祀神祈福的仪式规则，其产生和存在的前提

条件与神学依据是神灵世界的存在、强大，以及神对于人类的绝对权威、至上主宰。在人类社会初期，作为祭祀规则的礼同时也是指导人事的原则。在人类进入文明的门槛时，祭神祀天为少数人所垄断，成为少数人的特权，神人交通的宗教仪式和法则随之代表着世俗的权力和等级名分，礼引申为国家的基本政治制度，同时依然蕴含原有的风俗习惯、行为规范等内涵。夏、商、周三代就是以礼治国，其治国模式被称作礼治。老子坚决反对礼治，在《老子·三十八章》中怒斥礼是国家发生祸乱的罪魁祸首。他说："夫礼者，忠信之薄而乱之首。"那么，礼和礼治究竟给国家、社会带来怎样的损失？身为思想者的老子没有在政治层面作详细的论说，只在《老子》的五十三章和十二章中有简略的表达，把批判的焦点集中于理论层面。他在五十三章中说："朝甚除，田甚芜，仓甚虚。服文彩，带利剑，厌饮食，财货有余，是谓盗夸。非道也哉！"指责礼仪中的繁文缛节浪费了大量的钱财，荒废了农业生产，降低了政府的财政收入；礼的等级性，造成了财物分配的不均衡，导致了社会的极不正常的贫富悬殊。他在十二章中说："五色令人目盲，五音令人耳聋，五味令人口爽，驰骋畋猎令人心发狂，难得之货令人行妨。"着重批评礼节仪式中的乐和舞伤害人的感官，诱发人过度的感官欲望，使人们为了满足感性的物欲和享乐而损害他人；批评军礼中的"畋猎"激发军队的侵略好战心理，势必为战争的爆发推波助澜，从而破坏人民的正常生活，造成国破家亡的悲剧。此处，需要解释的是，《周礼·春官·大宗伯》曰："大田之礼，简众也"，指天子与诸侯定期举行狩猎活动，意在练兵。《周礼·夏官·大司马》载每年春、夏、秋、冬均举行"田猎"之礼。当今许多治老者把《老子》中的畋猎简单地理解为打猎，似是不妥的。

另外，老子在政治层面攻击礼与礼治时，还对法令给予了批评。我们知道，三代之礼明显存有法律效用，礼作为国家的基本政治制度内在地包含法。礼治包括法治，礼主法辅、或谓礼主法从是礼治根本的框架结构。春秋中后期，法律的重要性日趋增强，有挣脱礼的拘限走向政治前台的趋向。老子在此境况下否定礼，必然否定法。他在《老子·五十七章》中说："天下多忌讳，而民弥贫""法令滋彰，盗贼多有"，谴责礼治中法律的实施以及法律条文越来越齐备带来的直接政治后果是民众在生产和生活中遭受各种各样的限制，在礼的等级制划定贵贱、贫富之后，更加贫穷，并在贫困中为了活命而被迫偷盗。这样，贫富矛盾愈加激化，社会下层的生存状况愈加糟糕，由下层民众的盗窃而引起的社会动乱不可避免。

老子对礼的批判主要是在理论上。从今存《周礼》和《仪礼》的内容来看，礼规定了国家的政治体制和官僚制度，规定了包括祭礼、凶礼、宾礼、军礼和嘉礼在内的诸多礼节仪式。可以说，个人的政治行为、家庭生活等所有方面无不处于礼的管辖范围之内。在此意义上，礼可谓"无不为"。但是在老子看来，个人愿望与礼的要求是根本对立且不可调和的，在愿望的满足和礼的规限之间，每一个人必须割舍自己的愿望而无条件地服从礼，对于人来说，礼是强加于人的外在钳制力量，它逼迫人，成为人的生命需求的最大障碍。在此意义上，礼之于人可谓"有为"。老子心目中的道统率自然万物与人间万事，无所不为。然而，道的"无不为"是顺应道所统率的对象的本性而为，即《老子·六十四章》所说的"辅万物之自然而不敢为"。如此，道的要求与自然、人事本来的发展目标根本一致，宇宙间的万事万物在感受不到外在挤压的情况下似乎在自由发展。在此意义上，道之于自然和人间可以说是"无为"。老子强调道的"无为"。他从道的"无为"特征出发，审视道、礼之优劣，指出礼与道对峙相背，是所有治国之道中最不合理、最拙劣的。《老子·三十八章》曰："上德不德，是以有德；下德不失德，是以无德。上德无为而无以为，下德为之而有以为，上仁为之而无以为，上义为之而有以为。上礼为之而莫之应，则攘臂而扔之。故失道而后德，失德而后仁，失仁而后义，失义而后礼。夫礼者，忠信之薄而乱之首。"德乃得于道者，指获得道之无为真谛的"上德"。《老子·二十一章》云："孔德之容，惟道是从"，就是说德是大德、上德，德、道一致，德从于道。下德表面上与道相似，实则"为之而有以为"，以有为为特征，与道相悖，不是真正的德。老子认为，上德主观上无为，客观上亦无所为，最接近道；上仁主观上有为，客观上无所为，已部分地违背了道，与道的特质有着明显差异；上义主观上有为，客观上也有所为，已完全背离了道的主旨；上礼涵容刑罚，不仅仅以有为为宗旨，而且对于反抗者施以惩罚，迫使对方屈从，这是人类发展和社会进步的最大枷锁。这样，天下最理想的治道是道，其次才是德；仁、义和礼均非统治者应该选择的治道，在仁、义、礼三者之中，礼最为低下。基于此，老子得出礼是乱天下之道，是人世间一切苦难之源头的结论。既然道是理想中的治世之道，礼是现实中导致天下大乱之道，那么，为什么三代君王择取礼作为治道？老子的理由是由于道、德、仁、义依次丧失，礼才为君王们所用。老子的"失道而后德，失德而后仁，失仁而后义，失义而后礼"，就是此意。那么，道、德、仁、义等为什么会丧失？更何况道不生不死，超越于宇宙万物之上。从《老子·十八章》所言"大道废，有仁义"来看，老子以为大道被废弃，不为统治者所用，仁义才被用作治世之道。据此推论，仁义被废置，不为统治者所用，礼才乘虚而入，被当作治道。这样看来，老子实际上是认为三代君王有意抛弃大道，最终选择了礼。也就是说，三代实行礼治并非别无选择的结果。此处，老子用道审判礼，在揭露礼乱天下之外，还将哲思的目光深入到历史深处，探求三代实行礼治的缘由，揭明礼治的历史悲剧源于夏、商、周的最高统治者。这种关于礼的理论批判是深刻的。

礼能够为三代统治者采纳而成为治国的根本准则，其重要原因在于礼背后的支撑力量是天、帝、鬼神等，同时，这些神灵又是至高无上的，可以对人间发号施令。正因为如此，《左传·成公十三年》所载刘康公之语中有"国之大事，在祀与戎"的语句，这是视祭祀神灵为国家最重要的政治活动之一；《礼记·祭统》云："礼有五经，莫重于祭"，把祭祀天、帝、鬼神的祭礼（属于吉礼）排在五礼之首的位置。针对天、帝、鬼神是礼的产生、存在和礼的权威的神学依据，老子在批评礼祸国殃民，礼治为天下乱之本之后，进一步批评礼的这些神圣根据，明确指出天、帝、鬼神均在道的制约之下，道是神灵世界的主宰者。《老子·三十九章》曰："天得一以清""神得一以灵""天无以清，将恐裂""神无以灵，将恐歇"。这是说，道佑护着天和神，在道的关照下，天保持其清明的特征，神保持其对于人事灵验的特征。如果失却道的保护，天将丧失其固有的特质，进而崩坏、破裂；神将失去其素有的威力，进而消失。简言之，天、神的特质是道赋予的，二者的存亡也取决于道。《老子·六十章》曰："以道莅天下，其鬼不神；非其鬼不神，其神不伤人；非其神不伤人，圣人亦不伤人。"此言道的威力高于鬼的威力，道与鬼的关系是主宰与服从的关系。在道的宰制下，鬼神对于人不再灵验，不发生作用；即使发生作用，也是道给予的，也不能肆意伤害人；即使能伤害人，也由于效仿得道的圣人，不再伤人。就是说，道支配鬼神，鬼神的属性来自并且顺从于道。如此，人类社会真正的、最后的支配者唯有道而已，人类之外的神灵不但不是人类的最高主宰者，而且听凭于道的指挥。道亦因此优越于位居神灵之下且依赖于神灵的礼，道治亦因此优越于礼治从而成为治理天下的最完美的政治模式，礼和礼治亦因此遭到老子的猛烈抨击，更不用说老子视界中的礼、礼治与道、道治相反相对。

为什么道在天、帝、鬼神之上？为什么传统观念中高高在上、为所欲为的各类神灵都处于道的控制之下？老子从道在宇宙中的地位以及道物（包括神灵和人类）关系的角度作了深入分析和理论解释。他认为道是宇宙本原，道物之间存在着生与被生、养与被养的关系。这就逻辑地决定了道的权力至上。老子的道是宇宙间的原初存在。从时间和逻辑上讲，没有任何存在者产生于道之前，人们普遍信仰的上帝也不例外。在此意义上，道不可能被任何神灵或物质所创造。由此，《老子·四章》形象地说："吾不知谁之子，象帝之先。"道不是道之外的任何他物的"子"，那么，它就有可能是他物的"母"，是包括人类在内的宇宙万物的创造者。《老子·四十二章》云："道生一，一生二，二生三，三生万物"，《老子·四十章》曰："天下万物生于有，有生于无"，正是分别从万物的发生过程与万物的存在本原这双重向度来这样理解道的。它表明，道是万物之母，道创造了宇宙间的一切，当然包括天、帝、鬼神构成的神灵世界；道和宇宙间万事万物的关系是本原和派生者的关系，或者说母子关系。另外，老子还说道养育万物，万物在成长过程的任何环节中都不可须臾离开道的关怀、保护，《老子·五十一章》曰："道生之，德畜之，长之育之，亭之毒之，养之覆之"，即描述了道在万物生长、发育、成熟的整个过程中所起的绝对作用；老子还说道长存不息，超越生死轮回，万物在走完有限而短暂的生命之路后，最终又回到道的怀抱，《老子·十六章》云："夫物芸芸，各复归其根"，即指明了道是万物最后的归处。

由上可知，道是世界的创造者，道相对于万物而言，系本原性存在；物之生、物之死，以及物之从生到死的各个成长阶段都是道的作为的结果。道无处不在、无时不在，道的无穷力量深藏于万物发生发展及其发生发展的规律之中。这意味着道是万物之母，同时也是万物之主，道之于万物必然是最高的统治者。《老子·四章》称道为"万物之宗"，就是此意。道是包含天、帝、鬼神等在内的万物之宗，也就理所当然地成为天、帝、鬼神之绝对命令者。

三

道是宇宙中最高的法则，道是治世的最高法则和最理想的治道，神灵支撑下的礼根本不适合为政天下，三代礼治纯属错误。由此，老子提倡以道治天下。然而，"道治"的前提是统治者知道。于是，老子转向认识维度，希冀统治者通过道的认知，掌握道的精髓。不过，在老子的学道理论中，论及学礼方法，这便是《老子·四十八章》所说："为学日益，为道日损，损之又损，以至于无为。"在老子之时，无论是官学还是私学，人们所学的基本内容为礼、乐、射、御、书、数等"六艺"，河上公注"为学"之"学"亦云："'学'，谓政教、礼乐之学也。"由于"六艺"均属礼的范畴，三代政教实即礼治、礼教。简言之，学的对象和内容即礼而已。"为学日益"是说通过学礼习乐可以一天天地增加礼乐知识。那么，如何学礼？老子虽然未系统地分析论证，只是概括地说了一个"益"字，我们还是可以从其关于"为道"方法的论述中反观出来。

老子认定学道方法就是"损"，即要减损人们已有的礼乐知识。在他看来，只要心中所存有之礼彻底被摒弃、忘却，即可真正得道，进入道的"无为"境界。《老子·二十章》言"绝学无忧"，要求人们放弃习礼，并由此得到"无忧"的状态，大致也是这个意思。至于损的具体方法与途径，老子认为有两种。其一属于感性的、经验的层面。《老子·四十七章》所言"不出户""不窥牖""不行""不见"，《老子·五十二章》所言"塞其兑，闭其门"，就是此类。这是说，一方面，感官不感知外部事物，身体不

接触外部世界，从而无从获取礼乐知识；另一方面，堵塞或关闭具有感性认识能力的感觉器官，从而使感官不能发挥认知功能。一言以蔽之，把礼与人的感性认知器官相隔离。其二属于理性的层面。《老子·十章》云："专气致柔，能婴儿乎？涤除玄览，能无疵乎？"《老子·十六章》云："致虚极，守静笃"，均是此类。这是说，一方面，集结精气达致柔和，回到生命之初的纯洁无邪的婴儿状态；清洗、消除心中诸多知识、意念，直至心灵回归最初的无知无念的状态。另一方面，尽力保持和坚守心灵原本具有的虚静、清明的本然状态，使其免遭礼乐的熏染。这说明，既要驱除心灵中已经学得的礼乐知识，又要养护好心灵本来的清洁面貌。

道的对立面是礼，为道的反面是为学，为道之"损"与为学之"益"相反。据此推测，为学之"益"的具体方法应与为道之"损"的具体方法极端对立。这样，与学道、得道不同，学礼的方法很可能就是发挥感官的感性认知功能，积极地去接受和认识礼乐知识，获得关于礼的感性知识；发挥心灵的理性认知功能，主动地接纳与思索礼乐知识，获得关于礼的理性知识；用身体去实践礼，在实践中完善礼乐知识——礼的实践性决定了学礼的实践性。概言之，学礼要做到学、行并用，理论与实践相结合。

四

　　礼的核心内容是宗法等级，这一点最为老子诟病。老子涉及的道与礼相反，其政治内涵是"损有余而补不足"，即反对人世间的等级结构，强调平等与均衡。《老子·七十七章》云："天之道其犹张弓与？高者抑之，下者举之，有余者损之，不足者补之。天之道损有余而补不足，人之道则不然，损不足以奉有余。"这是用比喻的手法，形象地说明以道（即"天之道"）治世，意在消弭高与下、有余与不足之间的差别和距离，即破除贵与贱、尊与卑、贫与富之间的等级规定；其所追求的政治目标是人与人在政治地位，以及由政治地位决定的经济地位上的平等。这种平等从道的高度来说，是一种人类先天具有的、丝毫未被人为因素所破坏的自然平等。与道相较，老子对礼（即"人之道"）的"损不足以奉有余"原则制造人为的人与人之间的地位差别、身份悬殊持否定态度，认为这明显违背了道的意旨。正因为老子否定礼，老子还从礼的角度描述自己理想中的圣人，认为得道的圣人是超越礼的禁锢的人。也就是说，礼不能决定圣人的亲或疏、贵或贱，也不能给予圣人利或害、福或祸。《老子·五十六章》描写圣人曰："不可得而亲，不可得而疏；不可得而利，不可得而害；不可得而贵，不可得而贱。"谓圣人超脱亲疏、利害、贵贱的规限，也即彻底离脱礼的约束，成为无亲无疏和无贵无贱的礼乐制度以外、礼乐制度之上的人。一句话，礼之于圣人失却其效用。

但是，当老子将圣人以道莅天下的政治理想贯彻于现实的政治实践时，他把希望寄托在天子、诸侯王等传统礼治模式下处于社会上层的政治人物身上，以为"道治"的现实层面的实施者是政治上的尊贵者（天子、诸侯王），而不是道家理想中的得道者（圣人）。《老子·六十二章》说："立天子，置三公，虽有拱璧以先驷马，不如坐进此道。"指出天子即位、三公（太师、太傅、太保）就职时，与其举行先进奉拱璧、后进奉驷马的礼仪，不如进献"道"以治天下。这里，虽然老子贬低礼仪，可是肯定天子、三公的政治地位。《老子·三十九章》说："侯王得一以为天下贞"，指出诸侯王执道而行才能安定天下、为天下之主；《老子·三十二章》云："侯王若能守之，万物将自宾"，指出诸侯王拥有和保守道便能使天下万物自动依顺和服从自己。这里，老子在倡导以道治国的同时，肯定了诸侯王在治国中的领导作用。我们知道，三代之礼作为夏、商、周的根本政治制度，确立了天子乃天下宗主、政治之王的至高地位，周公制礼的重要内容便是分封诸侯。老子承认天子、诸侯王存在的合法性，甚至把"道治"的希望寄赋于天子和诸侯王，实际上又是肯定了礼制中最为核心的内容。这种情形令人深思。我以为造成这种看似矛盾的情形有其深刻的理论和政治原因。其一，老子以道批判礼，以道治否定礼治，是对三代以来统治者统治政策、

安徽师范大学出版社
ANHUI NORMAL UNIVERSITY PRESS **新书推荐**

2022年第2期　总第2期

中国传统文化的现代诠释

张 勇/主编　定价：89元

· 全书分"儒道释文化的多维解读""现代学术传统
的文化诠释""中国诗学传统的现代省思"三编
· 追求打破文史哲之间的界限，实现不同学科之间的
融合，立足当代，对传统文化进行创造性诠释

STEM教育怎么做

光善慧/著　定价：49.8元

· STEM课题研究应怎样开展？STEM区本教材
应怎样设计？STEM教育效果如何评价？
· 从具体课题研究案例出发，为中小学STEM
教育研究提供有益参考

刑法热点理论问题研究

李光宇/著　定价：65元

· 本书为读者提供了刑法热点问题的解读新视角，
激发读者用独立、睿智的法学思维去看待生活，
提高法律感知能力
· 刑法热点结合法理精神，兼具法律与人文的力量

企业行政管理

徐济益/主编　定价：49元

· 本书在梳理企业行政管理相关理论的基础上，
精选时效性和典型性强的素材作为引导案例
深入分析，兼具理论性和实践性

当代视域中的新型中国文明

方 芳/著　　定价：58元

· 揭示新型中国文明的基本内涵
· 启发学术理论界的文化自觉意识
· 丰富新型中国文明研究的理论成果

思想政治理论课分类教学研究

戴兆国/主编　　定价：68元

· 积极探索高校思想政治理论课的分类教学规律
· 集中反映马克思主义理论学科建设、教学科研、
　改革创新的成功经验和优秀成果
· 为高校思想政治理论课的建设和发展服务

中华文化传播路径与策略

陈志超 雷乐街 /著　　定价：48元

· 以产业化视角来讨论和分析如何
　推动中华文化元素的对外传播
· 让中华文化更好地"走出去"

如果您喜欢我们的书，请扫描二维码购买
也欢迎您关注我们的微信公众号

安徽师范大学出版社　　安徽师范大学出版社　　安徽师范大学
精品图书推介总目　　　微信公众号　　　　　高校图书专营店

经营天下的方略的否定，而不是对统治者自身的否定，整部《老子》几乎不见直接批评天子、诸侯王存在的合理性的文字。其二，老子道治本质上是一种政治理念、政治术，它的实现有赖于现实中占据统治地位的政治力量。天子是传统的居于统治地位的政治力量的最高代表，诸侯王是王权丧落后而起的新的居于统治地位的政治力量的真正代表，老子选择他们作为道治的主体可以说是迫不得已。再说，老子一再强调道是自然和社会中的最高准则、最高主宰力量，能够驾驭万物，天子与诸侯王也在道的制约之下。例如，《老子·三十九章》就说，诸侯王必须用道管理天下，否则将不能保持其自身的高贵地位，走向亡国的命运。其三，老子本人精通礼，深谙礼的缺点及礼治的弊端，亦知晓礼和礼治在某些层面的相对合理性，甚或优越性，这给老子批评礼创造了条件，同时，也给老子批评礼带来了限制，使他很难完全超越礼来批驳礼，使他对礼的某些内容、某些方面有所肯定并加以不自觉的利用。老子对丧礼、祭礼中一些具体的礼仪制度并不明确地持批判态度，就是例证。

《周礼·春官·大宗伯》载凶礼有丧礼、荒礼、吊礼、禬礼、恤礼等五种。作为凶礼之一的丧礼，指哀悼和处置死者的礼节仪式。从《老子》全文来看，老子似乎对丧礼的正确与否不作判断。老子反对战争，主张国与国之间和平共处、彼此谦下，其中，大国、强国更要谦下、雌柔。他视战争的武器为凶器，视战争为凶事，认为即使被迫应战并且取得战争的最后胜利也不值得高兴。《老子·三十一章》中说："吉事尚左，凶事尚右。偏将军居左，上将军居右，言以丧礼处之。杀人之众，以哀悲泣之，战胜以丧礼处之。"这是说，战争既然是凶事，就应该用凶礼处理它。具体说来，战争过程宜依照丧礼的仪式处理；战争结束后，战胜者亦宜依照丧礼的仪式去应对这个结果，处理战后的有关事务。其实，战争是典型的军事行动，应该使用军礼，特别是军礼中的大师之礼。大师之礼指天子或诸侯的征战活动所用之礼。这里，老子却用丧礼来对待战争，是其反战的一种手法。据此似可推断老子对丧礼并不排斥。也许恰恰是因为不排斥、不反对丧礼，据《史记·老子韩非列传》《史记·孔子世家》和《礼记·曾子问》载，当孔子向老子请教礼时，他主要讲授了丧礼制度。

老子对祭祀之礼未表现出反对态度。《周礼·春官·大宗伯》按祭礼对象分祭礼为三类：天神之礼、人鬼之礼、地祇之礼。《老子·五章》曰："天地不仁，以万物为刍狗；圣人不仁，以百姓为刍狗。"用天地之于万物的关系喻圣人之于百姓的关系，用天地自然要求圣人治世以道，自然无为。其间，又用刍狗喻万物和百姓。刍狗为祭祀时用草扎成的狗，老子从肯定的角度使用"刍狗"一词，可见其对祭礼还是比较肯认的。《老子·五十四章》曰："善建者不拔，善抱者不脱，子孙以祭祀不辍。"则是以世世代代享受子孙的祭祀而不断绝来告诫人们、鼓动人们努力做到"善建""善抱"。这是对于祭祀祖先之礼的明确赞同。

　　丧礼、祭礼涉及先王、祖先、亲人。对先王的崇拜、对祖先和亲人的怀念，是春秋时期人民的普遍的情感心理和宗教情怀；丧礼、祭礼之类礼仪制度是礼的"仪"的一面，而非礼的本质的一面。这或许是老子不便抗拒丧礼与祭礼的另外的原因吧。

　　综上所述，老子以道观礼，从政治和理论的视角批评三代之礼和三代礼治，揭露礼和礼治的社会危害性以及理论上的错误；从本原论的高度证明了道优越于礼的神学依据——天、帝、鬼神，当然也优越于礼，论证了以道莅天下的合理性和必然性；从认识维度论述学道方法——"损"，并因阐述"损"的需要，由反面论述了学礼方法——"益"；在强烈反对礼的宗法等级性的前提下，将"道治"的实现寄托于天子、诸侯王，并且不排斥甚至肯定丧礼和祭礼。不难看出，其礼学思想是批判性的。

下卷　《老子》的思想世界

内圣与外王：
论老子之士与圣人

老子的理想人格是得道者。老子曰："塞其兑，闭其门，挫其锐，解其分，和其光，同其尘，是谓玄同。故不可得而亲，不可得而疏；不可得而利，不可得而害；不可得而贵，不可得而贱。故为天下贵。"（《老子·五十六章》）这就是对于得道者的形象描述。老子的意思是，得道者具有道的属性，无知无欲，柔弱不争，超越杂乱，因而超出并不同于常人，不可以亲疏、利害、贵贱对待之。

老子的理想人格，包括内圣与外王两面。一般认为"圣人"是老子的理想人格①，其实，在老子笔下，不仅圣人是理想人格，士、"善为道者"、君子、大丈夫、婴儿、赤子、"善摄生者"等也是理想人格，其中，以士和圣人为代表，但是在士与圣人之间，老子对于圣人的论述更为全面。

---

① 参见史婷婷：《圣人之境——老子理想人格理论探析》，《理论月刊》2011年第3期，第67—69页；刘峰存：《老子理想人格理论探析》，《青海师范大学学报》（哲学社会科学版）2013年第2期，第7—11页。

一

　　老子对于"善为道者"、君子、大丈夫、婴儿、赤子、"善摄生者"等的论述并不多，也比较分散，容易为研究老子理想人格者所忽视，但是其重要性不言而喻。我们现分别予以讨论。

　　关于"善为道者"，老子曰："古之善为道者，非以明民，将以愚之。民之难治，以其智多。故以智治国，国之贼；不以智治国，国之福。"（《老子·六十五章》）这里，老子认为"善为道者"无为而治，顺任民众之自然，"不以智治国"，用"愚"民即让民众保持朴质本性的方法治理国家，从而使国家得以治理；相反，"以智治国"者，积极有为，毁坏民众之自然，用"明民"即让民众变得虚伪狡诈的方法治理国家，却因为民众的虚伪狡诈而使得国家得不到治理。由此可知，老子认为"善为道者"是得道者，是"以道莅天下"（《老子·六十章》）者，其对于"善为道者"的论述侧重于其理想人格中外王的一面，"善为道者"对内无为或者说对民众无为体现了道的无为的属性。

　　关于君子，老子曰："夫佳兵者不祥之器，物或恶之，故有道者不处。君子居则贵左，用兵则贵右。兵者不祥之器，非君子之器。不得已而用之，恬淡为上。胜而不美。"（《老子·三十一章》）这里，老子认为君子是"有道者"，也即得道者；君子反对战争，更反对侵略，因为兵器不仅不是"君子之器"，而且还是"不祥之器"，应远离之；君子为了抵御侵略而"不得已而用之"，也要适可而止，并且要视用之为"凶事"。据此可以看出，老子对于君子的论述侧重于其理想人格中外王的一面。此外王的一面展现为对外抵御侵略、保卫国家，并且以退守为原则，"不敢为主而为客，不敢进寸而退尺"（《老子·六十九章》），同时，"胜而不美"（《老子·三十一章》）。不过，从其所谓君子为了抵御侵略、保卫国家而战，使用兵器时也需要"恬淡为上"来看，其对于君子的论述也涉及其理想人格中内圣的一面。此内圣的一面展现为内心的淡泊、宁静。这里，君子的退守与淡泊、宁静体现了道的柔弱不争、质朴自然的属性。

关于大丈夫，老子曰："大丈夫处其厚，不居其薄；处其实，不居其华。"（《老子·三十八章》）仅就此而言，老子是在说大丈夫敦厚、朴质而不浮躁、虚夸。由此，给我们的感觉是，老子论述大丈夫主要侧重于其理想人格中内圣的一面，而大丈夫的敦厚、朴质体现了道的质朴自然的属性。可是，当我们将上述史料置于其所在的《老子》第三十八章，特别是联系上述史料前面的文字："夫礼者，忠信之薄而乱之首。前识者，道之华而愚之始"，可知，老子所谓的大丈夫的敦厚、朴质，其实是在说大丈夫治理民众持守道而舍弃、反对礼，老子论述大丈夫其实是侧重于其理想人格中外王的一面。而大丈夫的守道与反礼，崇尚无为与反对有为，体现了道的无为的属性。

关于婴儿，老子曰："知其雄，守其雌，为天下谿。为天下谿，常德不离，复归于婴儿。"（《老子·二十八章》）这里，老子认为婴儿"与道紧密相连且与道'零距离'"[1]，因而拥有"德"，具有雌柔、居下、谦卑等特征，体现了道的柔弱不争的属性。由此可知，老子对于婴儿的论述侧重于其理想人格中内圣的一面。

关于赤子，老子曰："含德之厚，比于赤子。蜂虿虺蛇不螫，猛兽不据，攫鸟不搏。骨弱筋柔而握固，未知牝牡之合而全[2]作，精之至也。终日号而不嗄，和之至也。"（《老子·五十五章》）这里，老子认为赤子与道同体，拥有"德"，具有纯真自然、柔弱平和等特征，并因此而具有强大的生命力，体现了道的柔弱、质朴的属性以及道的无穷的力量。由此可知，老子对于赤子的论述也是侧重于其理想人格中内圣的一面。

关于"善摄生者"，老子曰："盖闻善摄生者，陆行不遇兕虎，入军不被甲兵。兕无所投其角，虎无所措其爪，兵无所容其刃。夫何故？以其无死地。"（《老子·五十章》）这里，老子认为"善摄生者"无论在日常生活中，还是在战争中，都不会受到伤害，更不会因为受到伤害而

———————————

① 陆建华：《建立新道家之尝试——从老子出发》，安徽大学出版社2011年版，第83页。

② 全：当据河上公本《老子》作"朘"，指男孩的生殖器。

死亡。比如，"善摄生者"不会被兕虎、甲兵所伤害，兕虎、甲兵在"善摄生者"面前都失去其伤害他人的作用。究其因，在于"善摄生者"得道，守柔示弱，不逞强斗狠，从而能够"长生久视"（《老子·五十九章》），不会陷入死亡的境地。由此可知，老子对于"善摄生者"的论述侧重于其理想人格的内圣的一面，"善摄生者"的守柔示弱体现了道的柔弱不争的属性。

从老子以上关于"善为道者"、君子、大丈夫、婴儿、赤子、"善摄生者"等的论述可知，老子关于"善为道者"的论述，主要论述其理想人格中外王的一面；老子关于君子、大丈夫等的论述，兼顾其理想人格中的内圣与外王两面，但是侧重于外王的一面；老子关于婴儿、赤子等的论述，主要论述其理想人格中内圣的一面；老子关于"善摄生者"的论述，是从生命的维度，通过论述其"无死地"而说明其得道，看似没有对其内圣或外王的一面作分析，实是主要论述其理想人格中内圣的一面。老子理想人格中的内圣的一面都体现了道的柔弱不争的属性，其理想人格中外王的一面涉及对内与对外，即治理民众与处理国与国的关系，对内体现了道的无为的属性，对外体现了道的柔弱不争的属性。

二

关于士，老子有上士、中士、下士的区分："上士闻道，勤而行之；中士闻道，若存若亡；下士闻道，大笑之。"（《老子·四十一章》）这是说，上士信从道，并积极践行道；中士怀疑道，更没有积极践行道；下士不但不信从道，反而否定道、嘲笑道。其实，士本无上、中、下之分别，这里，表面上是不同的"士"对于道的态度不同，于是有"上士闻道，勤而行之；中士闻道，若存若亡；下士闻道，大笑之"等不同的情形；实质上是老子根据"士"对于道的态度而将"士"分为不同的"士"："闻道，勤而行之"者为上士，"闻道，若存若亡"者为中士，"闻道，大笑之"者为下士。不过，不管怎么说，在老子的心中，只有上士才是得道者，才是真正的"士"，才是理想人格。

由于只有上士才是真正的士，老子又将上士称作"善为士者"，以与中士、下士之类有士之名而无士之实者相区别。关于"善为士者"，老子有两处论述。

其一，"善为士者不武"，具有"不争之德"（《老子·六十八章》）。这是老子对于士的外王的一面的论述，非常简略。意在说明真正的士虽然客观上勇武、刚强，但是拥有"武"而不显示其"武"，不逞强，不诉诸武力，不侵略。就是说，对外守柔示弱，退让不争。这体现了道的柔弱不争的属性。此处可以看出，老子对于士的外王的一面的论述不仅简略，而且并不全面，只涉及士的对外即处理国与国关系时所表现出来的特质。

其二，"古之善为士者，微妙玄通，深不可识。夫唯不可识，故强为之容：豫兮，若冬涉川；犹兮，若畏四邻；俨兮，其若容①；涣兮，若冰之将释；敦兮，其若朴；旷兮，其若谷；混兮，其若浊。"（《老子·十五章》）这是老子对于士的内圣的一面的论述，文字颇多，内容也丰富。意在说明士之所以为士，不在于其形体、外表，而在于其内在特征，因此，士不可以被一般人简单地从外在方面看出来。不仅如此，从内在方面看，士因为拥有道的属性，对于芸芸众生来说更是"微妙玄通，深不可识"。

为此，老子像道不可言说而又不得不言说一样，对于不可言说的士作了言说，认为士之内在特征表现在其性格、修养等方面，呈现出"豫""犹""俨""涣""敦""旷""混"，即犹豫、踌躇、庄重、散开、敦厚、空阔、混浊等特质，可是，又有别于常人所理解的"豫""犹""俨""涣""敦""旷""混"，也有别于"冬涉川"般的"豫"，"畏四邻"般的"犹"，"客"般的"俨"，"冰之将释"般的"涣"，"朴"般的"敦"，"谷"般的"旷"，"浊"般的"混"，而是"若冬涉川"般的"豫"，"若畏四邻"般的"犹"，"若客"般的"俨"，"若冰之将释"般的"涣"，"若朴"般的"敦"，"若谷"般的"旷"，"若浊"般的"混"。这里，在士的内在特征面前，语言是苍白的、无力的。不过，虽然老子对于士的内在特征的言说是勉强的，但还是大体刻画了士的审慎、警觉、恭敬、融和、敦

① 容：当据马王堆帛书《老子》甲本、乙本以及河上公本《老子》作"客"。

厚、旷远、包容等特质。这些特质体现了道的柔弱、谦下的属性。

从上述老子对于"善为士者"的论述，我们可以看出，虽然只有两处，但是恰好涉及其理想人格中的内圣与外王两面。可以说，老子对于士的论述是完整的，只是其更侧重于士的内圣的一面，士的内圣与外王两面都体现了道的柔弱不争、退守谦下的属性。

三

在老子关于理想人格的论述中，老子对于圣人的论述最多，也最全面、丰满，因为"圣人是最理想和完美的人格"[①]。关于圣人的内圣的一面，老子的论述涉及以下四个方面，主要集中于表达圣人的朴实、谦下之德。

其一，老子曰："圣人为腹不为目"（《老子·十二章》）；"圣人终日行不离辎重，虽有荣观，燕处超然"（《老子·二十六章》）；"圣人欲不欲，不贵难得之货"（《老子·六十四章》）；"圣人去甚，去奢，去泰"（《老子·二十九章》）；"圣人不积，既以为人己愈有，既以与人己愈多"（《老子·八十一章》）。认为圣人朴实自然，平和宁静，没有贪欲，即使拥有荣华富贵，也不被其羁绊，更不沉湎其中，所以，注重减损欲望，不积累财

① 孙文静、陆建华：《人的类型与境界——以〈老子〉为中心》，《江淮论坛》2018年第3期，第79页。

富，不追求感官享乐，不奢侈浪费，帮助、关爱他人，也即"见素抱朴，少私寡欲"（《老子·十九章》），体现了道的朴实自然的属性。这里，圣人体现道的朴实自然的属性，是通过圣人对待欲望的态度表现出来的。

其二，老子曰："天长地久。天地所以能长且久者，以其不自生，故能长生。是以圣人后其身而身先，外其身而身存。非以其无私邪？故能成其私。"（《老子·七章》）认为圣人"后其身""外其身"，为他人的生存与幸福着想，谦让退后，甘居人后，不考虑自身的得失与安危，体现了道的谦下的属性。当然，圣人因此而"身先""身存"，从而"成其私"，那是客观结果，并非刻意为之，属于另外一回事。这里，圣人体现道的谦下的属性，是通过圣人与他人的关系表现出来的。

其三，老子曰："圣人自知不自见，自爱不自贵。"（《老子·七十二章》）认为圣人"自知""自爱"，不自我张扬，不抬高自己，同样体现了道的谦下的属性。这里，圣人体现道的谦下的属性，是通过圣人对自我的认知表现出来的。

其四，老子曰："圣人方而不割，廉而不刿，直而不肆，光而不耀。"（《老子·五十八章》）认为圣人方正、正直，有锋芒，有光辉，但是不伤及他人，不放肆，不耀眼，具有柔和、谦虚之德，体现了道的柔弱、谦下的属性。这里，圣人体现道的柔弱、谦下的属性，是通过圣人之"德"表现出来的。

关于圣人的外王的一面，老子的论述集中于"救人"与"救物"，也即治理自然万物与为政治国两个方面："圣人常善救人，故无弃人；常善救物，故无弃物。"（《老子·二十七章》）在老子看来，人人可救，人人必救，没有人被放弃，就能治理好民众，管理好国家；自然万物都可救，自然万物都必救，没有任何自然物被放弃，就能治理好自然万物。

关于圣人治理自然万物，老子曰："圣人处无为之事，行不言之教，万物作焉而不辞，生而不有，为而不恃，功成而弗居。夫唯弗居，是以不去"（《老子·二章》）；"辅万物之自然而不敢为"（《老子·六十四章》）。认为圣人治理自然万物的方法是无为，也就是顺应自然万物之本性，任凭自然万物按其本性而生长、发展，不打扰自然万物，更不将自然万物的生长、发展看作自己的功劳。这里，圣人对自然万物的无为包括行为层面的"无为"与语言层面的"不言"等，体现了道的无为属性。

关于圣人为政治国，老子主要是从圣人对于民众的治理的角度加以论述的，涉及以下四个方面。

其一，老子曰："江海所以能为百谷王者，以其善下之，故能为百谷王。是以欲上民，必以言下之；欲先民，必以身后之。是以圣人处上而民不重，处前而民不害"（《老子·六十六章》）；"圣人云：'受国之垢，是谓社稷主；受国不祥，是为天下王。'"（《老子·七十八章》）这里，老子讨论了圣人的外王，也讨论了圣人的内圣，以及由内圣而外王的过程、内圣之于外王的基础作用。在老子看来，圣人的政治理想就是为政天下、统治万民，成为民众心目中理想的统治者，而圣人之所以能够成为"社稷主""天下王"，成为民众心目中理想的统治者，就在于其具有道的柔弱、谦下的特质，能够把国家治理得好。

其二，老子曰："取天下常以无事"（《老子·四十八章》），"以无事取天下"（《老子·五十七章》）。这是说，圣人取得天下依靠的是无为，而不是有为；依靠的是民心民意、天下人的归附，而不是武力。这体现了道的无为的属性。

其三，老子曰："圣人之治，虚其心，实其腹，弱其志，强其骨，常使民无知无欲，使夫智者不敢为也。为无为，则无不治"（《老子·三章》）；"天地不仁，以万物为刍狗；圣人不仁，以百姓为刍狗"（《老子·五章》）；"圣人无常心，以百姓心为心……圣人在天下歙歙，为天下浑其心。百姓皆注其耳目①，圣人皆孩之"（《老子·四十九章》）。这是说，圣人治理天下，以无为为手段，一方面对任何人无所偏爱，顺从民心民意，任其自由发展，另一方面让民众保持朴实无欲的自然状态，同时，使得所谓智者不敢胡思乱想、肆意妄为。这同样体现了道的无为的属性。

———————————

①此句据河上公本《老子》等补。另，王弼有关于此句的解读："百姓各皆注其耳目焉，吾皆孩之而已。"

其四，老子曰："取天下常以无事，及其有事，不足以取天下"（《老子·四十八章》）；"为者败之，执者失之。是以圣人无为，故无败；无执，故无失"（《老子·六十四章》）；"圣人云：'我无为而民自化，我好静而民自正，我无事而民自富，我无欲而民自朴。'"（《老子·五十七章》）这里，老子解释了圣人为政治国必须无为的原因：无为，才可以取得天下，治理好天下；有为，得不到天下，治理不好天下，还会丧失天下。仅就治理天下而言，圣人无为，做到"好静""无事""无欲"，不干涉民众的生产与生活，民众自然"化""正""富""朴"，也即自然教化、端正、富裕、质朴，国家也就自然治理得好。

从上述老子对于圣人的内圣与外王两面的论述，我们可以看出，圣人的内圣体现了道的质朴、柔弱、谦下，这与士的内圣是一致的，乃至相同的；圣人的外王涉及治"物"与治"人"，也即治理自然万物与为政治国，体现了道的无为的属性，这与士的外王所体现的道的柔弱不争是有区别的。

由上可知，老子的理想人格虽然包括圣人、士、"善为道者"、君子、大丈夫、婴儿、赤子、"善摄生者"等，但是主要是圣人和士。老子的理想人格是道的化身，其内圣与外王两面都体现了道的特质，尤其是道的无为、柔弱、质朴等特质。

道身与肉身：
论老子之身

在生命的构成的意义上，人是由身体与心灵所构成的存在，身体与心灵相对；在生命的本质的意义上，人是身体的存在，心灵依附于身体①。虽然在生命的价值的意义上，人是心灵的存在，心灵优越并独立于身体。基于此，老子在身体与心灵之间更关注身体，而有系统的追求"长生久视"（《老子·五十九章》）与"没身不殆"（《老子·十六章》）的身体哲学。

一、两种身体：道身与肉身

道是老子哲学的最高范畴，老子认为包括人在内的宇宙万物都生于道、源于道。老子所谓"道生一，一生二，二生三，三生万物"（《老子·四十二章》），"天下万物生于有，有生于无"（《老子·四十章》），表达的就是此意。既然人由道生，是道的产物，人之身体就天然拥有道，在此意义上，人之"身"可以被称作"道身"，本来

_____

① 陆建华：《生命的本质——以老子之"身"、"心"为中心》，《福建论坛》（人文社会科学版）2011年第6期，第82—85页。

就是"道身"。而拥有道的身体、"道身"就天然具有道的柔弱、朴质等特质。在老子看来，从外形上看，"婴儿""赤子"最为明显，就完美地呈现这些特质。因此，"这种'道身'不仅不为道家所菲薄而且恰恰为其备受推崇。"①

人生于道，这是从人之根源的意义上所言的。人被道生出之后是要成长、变化的。人在成长、变化的过程中会出现少年、青年、壮年、老年等阶段，外形也会随之发生巨大变化，但是人的外形无论如何成长、变化，只要是在道的怀抱中成长、变化，只要不丢失、违背生来就有的道，人之身体就依然是"道身"。就是说，相比于人初生之时，从表面上看，人的身体变了，变得高大、强壮之后，又变得衰老，不再具有"婴儿""赤子"的状态、特质，但是从本质上看，身体还是原来的身体，还是如同"婴儿""赤子"般，还具有"婴儿""赤子"的状态、特质。

人在成长、变化的过程中如果脱离道的怀抱，成为离开了道的、主观上的绝对独立的存在，成为以个人为中心的、自我主宰的存在，这时，人的心中只有自己，没有"道"。在此意义上，人之"身"只是"肉身"。作为"肉身"的身体不仅从表面上看、从外形上看发生了巨大变化，而且从本质上看，也发生了巨大的变化。这时，人之身体在外形与本质上都不再是"婴儿""赤子"，不具备

---

① 张再林：《作为"身体哲学"的中国哲学的历史》，《西北大学学报》（哲学社会科学版）2007年第3期，第55页。

"婴儿""赤子"的状态、特质。

由于人是有限的存在，有其生，必然有其死；有其强壮，必然有其衰老。由于人本质上属于身体的存在，人之生与死、强壮与衰老本质上属于身体的生与死、强壮与衰老。可是，人之生与死、强壮与衰老看似情形复杂、原因很多，其实都是道的作用的结果。

拥有"道身"的人，其从生到死、从强壮到衰老，都是在道的作用下的自然过程。这种人受到道的关照，活着的时候不仅终身平安，没有挫折，幸福美满，也即"没身不殆"（《老子·十六章》），而且会因为"不失其所"而活得"久"；死的时候"死而不亡"而"寿"（《老子·三十三章》），以另一种方式"活"。也即因为不离开道而受到道的佑护，得以活得长久、幸福；因为拥有道而身死而道存，凭借道而长存："虽死而以为生之，道不亡乃得全其寿。"①简言之，拥有"道身"者，无论是生还是死，都在道的保佑中；拥有"道身"者，其生命的整个过程都是"自然"的过程，没有人为，没有"挣扎"。

而拥有"肉身"的人，其从生到死、从强壮到衰老，都是在极力挣脱道的作用的人为过程，这种人受到道的惩罚，不仅终身不离祸患，遭受诸多挫折，活得痛苦，也即身有"大患"（《老子·十三章》），而且会中道夭亡，不能寿终正寝，也即"不道早已"（《老子·三十章》）。简

---

① 王弼著、楼宇烈校释：《王弼集校释》，中华书局1980年版，第85页。

言之，拥有"肉身"者，无论是生还是死，都被道所惩罚；拥有"肉身"者，其生命的整个过程都是"人为"的过程，都是对抗道、违背道的苦苦挣扎。

二、道身：素朴寡欲

拥有"道身"的人，最明显的特征是"见素抱朴，少私寡欲"（《老子·十九章》），持守道，像道的朴实一样，外表与内心都单纯、素朴，虽然作为"人"而不免于"私""欲"，但是其"私""欲"仅仅限于生命的维持与延续。换言之，其"私""欲"是作为人的存在而必须有的最基本的欲望。关于"见素抱朴，少私寡欲"，老子用三章的内容集中论述之。

其一，"天下有始，以为天下母。既得其母，以知其子；既知其子，复守其母，没身不殆。塞其兑，闭其门，终身不勤。开其兑，济其事，终身不救。见小曰明，守柔曰强。用其光，复归其明，无遗身殃，是为习常。"（《老子·五十二章》）这是说，拥有"道身"的人知道人以道为根源，不是独立的、绝对的存在，从道的高度审视自己、审视道与自己的关系，能够清楚、准确地看待自己，能够看到道的伟大、光芒所蕴含的谦下与柔弱，从而"复守其母"，守护道并得到道的保护，"没身不殆"；这种人能够关闭欲望的大门，最大限度地降低感官欲求，抵抗住外物的诱惑，从而没有灾祸，而不是像拥有"肉身"的人

那样，敞开欲望的大门，任凭欲望横行，最终不可救药。这里，"守其母""见小""守柔"，讨论的就是"见素抱朴"；"塞其兑，闭其门"，讨论的就是"少私寡欲"；而"开其兑，济其事"，则是讨论"少私寡欲"的反面。

其二，"天长地久。天地所以能长且久者，以其不自生，故能长生。是以圣人后其身而身先，外其身而身存。非以其无私邪？故能成其私。"（《老子·七章》）这是说，在道所生的众多的"物"之中，天地生存的时间最为长久，而天地生存的时间之所以最为长久，在于其顺道而行，与别的自然物的生存目的不一样，其生存的目的是奉献自己，具体说来，就是接纳身处天地之间的自然万物，为自然万物的生存提供美好家园与物质保障，因而既得到道的保护，又不被自然万物所伤害，客观上生存的时间就会长久，而有的自然物的生存则常常是逆道而行，其生存的目的仅仅是为了自己，并且为了自己而彼此争斗，因而既受到道的惩罚，又受到别的自然物的伤害，客观上生存时间就会短暂。拥有"道身"的人从天地的"不自生"、无私奉献却能够"长生"这一后果中获得启示，要求自己取法天地、顺道而为，以"后其身""外其身"，"也就是不把自己的意欲以及利害作为优先考虑"①这种"无私"的方式处理人际关系，因而既得到道的佑护，又得到他人的爱护，客观上收到"身先""身存"的效果，从而客观

---

① 甘露：《论〈道德经〉中的身体问题》，《湖北社会科学》2013年第3期，第101页。

上成就所有人心中都有的、最大的"私"——"长生久视"（《老子·五十九章》）。基于此，老子禁不住曰："夫唯无以生为者，是贤于贵生。"（《老子·七十五章》）这里，天地的"不自生"、圣人的"后其身""外其身"，讨论的就是"少私寡欲"，以及"少私寡欲"的极致——"无私"。

其三，"持而盈之，不如其已；揣而棁之，不可长保。金玉满堂，莫之能守；富贵而骄，自遗其咎。功遂身退，天之道。"（《老子·九章》）这是说，争夺过多的财富而不知满足，锋芒毕露而咄咄逼人，即便能够金玉满堂，大富大贵，也不仅守不住财富，而且还会自取其辱，招致祸患，既然如此，不如效法天道，"损有余而补不足"（《老子·七十七章》），做到适可而止，功成身退，既不锋芒毕露，也不占有多余的财富。这里，"功遂身退"，讨论的就是"少私寡欲"。

由上述老子关于"见素抱朴，少私寡欲"的讨论可知，所谓"见素抱朴，少私寡欲"，其核心内容就是遵道、守道，去除贪欲；"见素抱朴，少私寡欲"的结果，就是成就自己"长生""不殆"而无"咎"的生存目标。

三、肉身：逐利伤身

与拥有"道身"的人相比，拥有"肉身"的人则表现得刚强好胜，私欲膨胀，其欲望远远超出生命最基本的需

求，为此而沉湎在名利的追逐之中，不能自拔，并以过多地享受名利为成功的标志，从不反思追逐名利、纵情享乐给自己带来的伤害，更不反思这种做法给他人带来的伤害。

针对拥有"肉身"的人的极度自私、贪婪，只注重自己的利益，而不管他人之死活，老子专门讨论自私、贪婪、利己对拥有"肉身"者自身的伤害，并认为这种伤害涉及对拥有"肉身"者外在追求的伤害，以及身体乃至生命的伤害。

老子曰："名与身孰亲？身与货孰多？得与亡孰病？是故甚爱必大费，多藏必厚亡。"（《老子·四十四章》）这是说，拥有"肉身"的人并不知道只有身体、生命本身对于自己才是最重要的，才具有绝对的内在价值，名和利之类都只是身外之物，其价值是相对的，在身体存在、生命存在的情境下才有其意义，离开了身体、生命本身，这些都是没有任何价值的东西，都只是"别人"身边有用的东西，所以汲汲于名利而乐此不疲。再说，过多地追求名利，引起不必要的劳心费神、争斗抢夺，常常损失惨重。这种损失，很多情况下不仅包括名利的损失，甚至还包括身体、精力等的损伤。

老子这么说，意在说明对于名利等身外之物的盲目追求，招致人与人之间的不必要的恶性竞争以致相互残杀，在名利的层面会导致不该有的名利未必能得到，自身原有的、该有的名利却丧失；在身体的层面会对身体乃至生命造成伤害，危及生命安全。

老子又曰："五色令人目盲，五音令人耳聋，五味令人口爽。"（《老子·十二章》）这是专门讨论拥有"肉身"的人对"利"的追求与享用给身体所造成的伤害。在老子看来，身体对于物质财富的享受的能力是有限度的，过度贪图五色、五音、五味，不仅不能够正确地享用之，从中得到应有的快乐，反而损害视觉、听觉、味觉等感觉，从而伤害眼、耳、舌等感觉器官，伤害由眼、耳、舌等器官所构成的身体。由此可以看出，即便追求到太多的"利"，人也无法无限度地享受"利"，"利"最后也会成为身体的"害"。

拥有"肉身"的人，因为无休止地追逐名利、因为恣情纵欲而遭到伤害。这种人"宠辱若惊"，"得之若惊，失之若惊"（《老子·十三章》），成功时害怕失去、害怕受到惩罚、害怕得到报应而惊慌失措，失败时害怕一无所有、害怕被对手乘胜追击，更是惶恐不安。因此，这种人看似荣华富贵、志满意得，实则生活于惊慌恐惧之中，处于"大患"（《老子·十三章》）之中。

正因为意识到身处"大患"之中，时时有被"大患"残害以致毁灭的危险，拥有"肉身"的人虽然"贵大患若身"（《老子·十三章》），把"大患"看得像"肉身"一样重要，随时随地提防、躲避"大患"，最后还是被"大患"所伤、所灭。这是因为"大患"的施加者看似是其他人、是自然灾害等，其背后其实是不可抗拒、不可违背的道。"不道早已"（《老子·三十章》），谁又能抵抗道的滚滚洪流呢？

四、抱朴去欲：守道知足

拥有"肉身"的人身处困境、身处"大患"之中，在光鲜的外表下难掩失落与失败，究其因在于有"肉身"，都是"肉身"惹的祸："吾所以有大患者，为吾有身，及吾无身，吾有何患？"（《老子·十三章》）这是说，有"肉身"者处处维护身体、处处为了身体，为此而对抗道，反而遭到道的惩罚，招致无穷的祸患，唯有放弃"肉身"，实现"无身"，才可以皈依道，回到"道身"，彻底消除祸患以及祸患的根源，从根本上解决人生之"大患"问题。

再说，道不仅是睿智而威严的，通过惩罚的方式时时提醒叛逆者叛逆的代价，给叛逆者敲响警钟；道还是宽广而慈悲的，是愿意随时接纳迷途知返的"孩子"的，不管其曾经犯过多少错，有过多少"罪"。

由于拥有"道身"的人"见素抱朴，少私寡欲"（《老子·十九章》），而拥有"肉身"的人追逐名利、私欲膨胀，那么，要放弃"肉身"，实现"无身"，彻底解决人生"大患"问题，回归"道身"，就必须放弃名利与贪欲，做到"见素抱朴，少私寡欲"。关于如何做到"见素抱朴，少私寡欲"，老子从政治与人生、自我与他人等维度提出了相应的看法。

其一，"知其雄，守其雌，为天下谿。为天下谿，常德不离，复归于婴儿。"（《老子·二十八章》）这是说，自身即使客观上强大，但是也要保持柔弱、谦卑的心态，心甘情愿居于低下的位置，从而拥有柔弱、谦下、不争之"德"，这样，就会放弃逞强好胜、争名夺利的心态，回到"婴儿"般的"道身"状态，回到"见素抱朴"的境界。这是从人生的维度、自我的维度论述拥有"肉身"的人通过柔弱、谦下、不争获得"德"，回归道的规范之下，实现"见素抱朴"。

其二，"善建者不拔，善抱者不脱，子孙以祭祀不辍。修之于身，其德乃真。"（《老子·五十四章》）这是说，善于追求并恪守道，就不会有危险，不会中道夭亡，从而得以寿终正寝，得以世世代代享受祭祀；将追求并恪守的道贯彻于个人的人生实践，才能拥有真正的"德"。这里所谓"修之于身，其德乃真"，就是以"道"修身，使"道"在身中化而为"德"。这是从人生的维度、自我的维度论述拥有"肉身"的人通过以"道"修身获得"德"，回归道的规范之下，实现"见素抱朴"。

其三，"知足不辱，知止不殆，可以长久"（《老子·四十四章》），"祸莫大于不知足，咎莫大于欲得。故知足之足，常足矣"（《老子·四十六章》）。这是说，贪欲是人生最大的祸患与罪恶，只有知道满足、知道适可而止，才不会招来不必要的耻辱和危险，才能平安度日，长久地活下去。这是从人生的维度、自我的维度论述拥有"肉

身"的人通过"知足""知止"，克服贪欲，回归道的规范之下，实现"少私寡欲"。

其四，"不尚贤，使民不争；不贵难得之货，使民不为盗；不见可欲，使民心不乱。是以圣人之治，虚其心，实其腹，弱其志，强其骨，常使民无知无欲，使夫智者不敢为也。"（《老子·三章》）这是说，圣人以道治理天下，不尚贤，使民众不争"名"；不看重难得之货，使民众不争"利"；民众没有名、利之欲望，无知无欲，就不会有诈伪与争夺，就会朴实自然。所谓朴实自然，就是内心虚静、宽广、柔弱、谦卑，身体健康，满足于物质的、本能的、最基本的需求。这是从政治的维度、他人的维度论述拥有"肉身"的人在圣人的管理下，走向"见素抱朴，少私寡欲"。这里，相比于"复归于婴儿"者、"修之于身，其德乃真"者、"知足""知止"者的主动自觉与自我"拯救"，"民无知无欲"是被动的，需要圣人的"引导"。

这说明要做到"见素抱朴，少私寡欲"，必须效法道的属性，内外兼修，内守道（德）而外去欲，以守道去欲，以去欲守道；在"自足"中"知足"，在"知足"中"自足"。否则，就需要圣人"出场"，通过"道治"而使人们朴实自然。

由上可知，人本来就是具有"道身"的人，因为自私、因为被欲望所蒙蔽而极力离开道、违背道，成为拥有"肉身"的人。拥有"道身"的人，得到道的保护，长生久寿，幸福自然，远离祸患；拥有"肉身"的人，被道所惩罚，不得善终，痛苦恐惧，与祸患同在。脱离"肉身"，回归"道身"，需要遵从道的旨意，"见素抱朴，少私寡欲"，而这又需要在效法道的属性的前提下守雌、修身、虚心，需要个体的主动自觉，乃至圣人的引导才能实现。

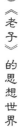

下卷 《老子》的思想世界

道心与人心：
论老子之心

　　人是身体与心灵合一的存在，身体与心灵都为老子所关注，但是在身体与心灵之间老子更重视身体①。因此，《老子》中有专门讨论身体的章节，其中，以七章、十三章、四十四章等最为集中，相反，《老子》中专门讨论心灵的章节几乎没有。不过，即便如此，老子在其重"身"、重"生"的身体学说之外，依然有其重视"道心"的心灵学说。

一

　　老子学说的最高范畴是道，人和天地万物都根源于道。"道生一，一生二，二生三，三生万物"（《老子·四十二章》），是其集中而经典的表达。因此，由道所生出的人天然就是道的化身，具有道的特征。在老子的笔下，初生的婴儿、赤子这种没有经过任何"污染"的人是其典型代表。老子曰："含德之厚，比于赤子"（《老子·五十

---

　　① 陆建华：《生命的本质——以老子之"身"、"心"为中心》，《福建论坛》（人文社会科学版）2011年第6期，第82—85页。

五章》），"我独泊兮，其未兆，如婴儿之未孩"（《老子·二十章》），寥寥数笔勾画出婴儿、赤子因为拥道含德而淡泊、宁静、渊深、自然、质朴的形象。

婴儿、赤子之所以是道的化身的典型代表，不仅仅在于其外形所表现出的柔弱、质朴等与道相似，更在于其心与老子的"核心观念'道'密切相关"[1]，也是道的产物、道的化身，没有经过任何"污染"。因此，可以说，婴儿之心、赤子之心就是"道心"，婴儿、赤子既是道的化身，也是"道心"的化身。由此可以看出，所谓人天然就是道的化身，本质上是指人之心灵天然就是道的化身，而人之心灵天然就是"道心"。"道心"可谓是由道生出，依道而存，"惟道是从"（《老子·二十一章》）的心。从本质上看，其以道为本；从其所遵从的规则上看，其以道为准。

"道心"既然由道而来，肯定具有道的特征。老子曰："道冲，而用之或不盈；渊兮，似万物之宗"（《老子·四章》），道乃"无名之朴"（《老子·三十七章》），认为道"冲""渊""朴"，具有冲虚、渊深、质朴等特征，相应的，"道心"则"虚"（《老子·三章》）、"渊"（《老子·八章》）、"浑"（《老子·四十九章》），也具有冲虚、渊深、质朴等特征，这种特征的外显，就显现为人的淡泊、宁静、渊深、自然、质朴等形象。

在老子看来，人的成长本质上就是身体的成长，而不

_____

[1] 匡钊、王中江：《道家'心'观念的初期形态——〈老子〉中的'心'发微》，《天津社会科学》2012年第4期，第123页。

是心灵的成长，身体从小到大、由弱变强是人生的必然过程，身体从婴儿、赤子的状态变而为少年、壮年等状态是人生成长的必然趋势，并且这些都是不可逆的。在人的成长过程中，心灵不需要成长，是可以而且应该保持不变的，始终处于婴儿、赤子状态，换言之，始终是婴儿之心、赤子之心，也即始终是"道心"。如果心灵发生改变，就意味着对道的背叛，"道心"的丧失。

多数人伴随着身体的成长，会因为外物的诱惑、欲望的膨胀而逐渐丧失"道心"，成为"俗人"（《老子·二十章》）。从这些人的角度看那些在心灵层面始终处于婴儿、赤子状态的人，或者说具有"道心"的人，会以为这类人只长身体、不长脑子，是愚蠢的人即"愚人"（《老子·二十章》），整天"顽似鄙"（《老子·二十章》），看起来顽劣笨拙；会以为这类人因是"愚人"而心灵是"愚人之心"（《老子·二十章》），"沌沌""昏昏""闷闷"（《老子·二十章》），看起来无知无识、糊里糊涂。因为这类人的心灵不会因身体的改变而改变，不会因身体的成长而成长，从心灵的角度看，似乎永远是长不大的，永远是"呆萌"、幼稚的。

这么看，"道心"以及"道心"所呈现的所谓种种愚蠢及其带来的后果，使拥有"道心"的人至少在表面上是失败的，是别人嘲笑与唾弃的对象，但是老子认为其最终的结果则是能够"长生久视"（《老子·五十九章》），"没身不殆"（《老子·十六章》），也即在生与死之间

"生"，而且"长生"，在安与危之间"安"，而且久安，成
就自己生命的长存与幸福。

二

人是道的产物，保有"道心"的人自然会从道的高度
看这个世界，看这个世界中的万物，就会把自己看作这个
世界的普普通通的组成部分，看作万物中普普通通的一
"物"，显示出"宇宙的视野"，对宇宙万物的敬畏之
心"①；就会"无我""无私"，为这个世界着想，为万物
着想，以他人之心为心，而不会有私心杂念。比如，"圣
人无常心，以百姓心为心。"（《老子·四十九章》）即便
是圣人这样看似高人一等的高贵者，也不固执己见，也不
以己为中心，而是把他人、把百姓放在心中，为他人、为
百姓而奉献。这是"道心"以及"道心"的彰显。

可是，人在成长过程中，人的主体意识、自我意识会
逐渐产生，当这种意识被外物所控制、被欲望所左右，就
会越过道的规定，成为人生的核心与行动的指南，"道心"
将随之丧失，"人心"将随之出现。"人心"与"道心"相
反，是后天的、人为的，因排斥道、抗拒道而生，因放纵
自我而存，可谓唯欲所从的心。在"人心"的作用下，人
就会从人的角度看这个世界，看这个世界的万物，就会认

_____

① 许建良：《老子道家的心学图画》，《东南大学学报》（哲学社
会科学版）2012年第3期，第68页。

为人优越于万物，是最高贵的，是所谓万物之灵；就会从自我的角度看这个世界，看他人，就会认为只有自己才是最重要的，只有自己的需求才是最迫切、最正当合理的。这是对道的背叛、"道心"丧失的结果，也是对道的背叛、"道心"丧失的体现。

这时，"人心"作用下的人成为纯粹的欲望的存在，为"名"、为"利"而争夺、而逞强、而斗智，并且不亦乐乎，自以为"熙熙""有余"（《老子·二十章》），财货尽有，志满意得，完全不知道"名""利"相对于人的生存而言乃身外之物，"名""利"的价值依附于人的存在，以及"名""利"之于人的危害性，争夺、逞强、斗智的结果是彼此的伤害和最终的灭亡。这时，"道心"因被损害而丧失，人还自以为内心"昭昭""察察"（《老子·二十章》），清楚明白，完全不知道这时的心灵不再质朴、宁静，不仅"狂"（《老子·十二章》），而且"乱"（《老子·三章》）。而这种"狂""乱"就是"人心"所凸显的最大特征。

"人心"离开了道的引导、规范，以自己之心为心，必然愈加被"私""欲"所蒙蔽而心中只有自己、自己的欲望。面对各种诱惑不再从容淡定，任何名利财货都会打乱内心的淡泊、宁静；面对他人不再谦卑质朴，欲望的追逐让内心躁动、狂野；面对世间万事不再心平气和、柔弱处下，好胜的心理让内心禁不住斗勇逞强，用老子自己的话说，就是"心使气曰强"（《老子·五十五章》）。

"人心"以及"人心"的以上种种表现，不符合道。不符合道，能够获得荣华富贵、欲望的满足，使人生至少在表面上是成功的。但是，老子认为这些荣华富贵、欲望的满足都犹如过眼烟云，只是暂时的、虚幻的，其最终结果却是受到道的惩罚："不道早已。"（《老子·五十五章》）在生与死之间"死"，而且是很快地、早早地"死"。为此，老子感叹道："名与身孰亲？身与货孰多？得与亡孰病？"（《老子·四十四章》）希望人们弄清"'身'与'货'、'名'的关系，不为'货'、'名'所'遮蔽'"①，不为"人心"所驱使。

三

既然"道心"使人生走向真正的成功，"人心"使人生走向最终的失败。那么，就应该放弃"人心"，从"人心"回到"道心"。所谓回到"道心"，也就是回到生命的、心灵的婴儿状态。老子曰："复归于婴儿"（《老子·二十八章》），就是此意。

"复归于婴儿"，回到"道心"，就是回到生命所依存的道，在道的规范下，守护道所赋予人的或者说来自道的"德"。所以，老子曰："常德不离，复归于婴儿"（《老子·二十八章》），将婴儿、"道心"与道、德相联系。这

---

① 陆建华：《生命之"患"：以老子之"身"为中心》，《现代哲学》2010年第3期，第109页。

说明，回归"道心"本质上就是归向生命中本来就有的道。

至于如何回到生命所凭依的道，如何让人放弃"人心"而回归"道心"，老子提出了三条路径。

其一，"不见可欲，使民心不乱。"（《老子·三章》）这是从"心""物"关系中的"物"的维度，也可以说是从"欲"的维度，论述从"人心"向"道心"的回归，要求人们无视、不看重可以引起贪欲的"物"，让自己没有私欲，没有非分之想，使得心灵不再被外物、心灵之外的东西所搅动、扰乱，从而走向淡泊与宁静。

其二，"虚其心。"（《老子·三章》）这是从"心""物"关系中的"心"的维度论述从"人心"向"道心"的回归，要求人们断绝内心中的思虑、算计等妄念，让自己视野开阔，心胸宽广，跳出自我中心的限制，使得心灵不再狂野、放荡，从而走向洁净与安静。

其三，"浑其心。"（《老子·四十九章》）这也是从"心""物"关系中的"心"的维度论述从"人心"向"道心"的回归，要求人们消除内心中的主观意志，让自己淡泊自然，使得心灵不再偏执、狡诈，从而走向敦厚与朴实。

不过，将上述所引的史料放入其特定的语境之下，就会发现这三条路径虽然涉及"心""物"关系中的"心""物"两面，认为去除"人心"、回归"道心"需要从"心"之内外入手，破除心灵之内的"心魔"与心灵之外的"贪欲"，但是，这些都不是丧失"道心"者的个人的自觉自愿所能实现的，而是通过圣人的"教化"、治理实现的："不尚贤，使民不争；不贵难得之货，使民不为盗；不见可欲，使民心不乱。是以圣人之治，虚其心，实其腹，弱其志，强其骨，常使民无知无欲，使夫智者不敢为也。为无为，则无不治。"（《老子·三章》）"圣人在天下歙歙，为天下浑其心。百姓皆注其耳目，圣人皆孩之。"（《老子·四十九章》）

　　这里，老子认为被"人心"所驱使的人失去了道、失去了"道心"，为"人心"所遮蔽，无法认知道、接近道、走向道，更无法以道为准要求自己，是不能够"自救"的，因此，需要圣人这种得道者、拥有"道心"的人，以道规范之，剥除其"贪欲"，赶走其"心魔"，从而清洁其内心，使其回归到"道心"。

　　这里，老子认为放弃"人心"、回归"道心"不仅不能够依靠丧失"道心"者的"自救"，需要圣人的"教化"、治理，而且在圣人的"教化"、治理过程中，丧失"道心"者还是被动的，甚至还是被"蒙骗"的，没有主动性、自觉性可言。也就是说，丧失"道心"者是在不知不觉中被圣人"拯救"的。

　　这里，老子所言的"圣人"是天然拥有"道心"而不曾失去的人，是身体虽然成长、变化而心灵不曾发生改变的人，是内心深处始终保持"婴儿"状态、"赤子"之心的人。这种人，才是真正的道的化身、真正的道的践行者。

四

老子是第一个将道提升为宇宙万物的本原，将道与物（包括人）、道与人视作宇宙的两极的思想家，其讨论心灵学说，将道与心相联系，而有"道心""人心"这样的观念就是水到渠成的了，虽然在目前所见的各种《老子》版本中没有"道心""人心"这两个范畴。而这也表明，"道心"与"人心"的观念是奠基于本原之道的，其中，"道心"是根植于道的"心"，"人心"是违逆道的"心"。

目前所见的各种《老子》版本中没有"道心""人心"这两个范畴，是否意味着我们未曾见过的《老子》版本中就一定没有"道心""人心"这两个范畴呢？答案是否定的。

我们来看荀子的话："《道经》曰：'人心之危，道心之微。'危微之几，惟明君子而后能知之。"（《荀子·解蔽》）荀子所言的《道经》，从其名称上看应是言道之书、论道之经，而《老子》乃是最早的言道之书、论道之经，而且《老子》本来就是由上下篇所构成，分为"道篇"和"德篇"，而"道篇"和"德篇"很可能在《老子》成书不久就被尊为《道经》和《德经》。这样的话，荀子所言的《道经》很可能就是《老子》中的"道篇"，"人心之危，道心之微"就很可能出自《老子》。

至于目前所见的各种《老子》版本中没有"道心"

"人心"这两个范畴，一种可能是有"道心""人心"这两个范畴，有"人心之危，道心之微"这句话的《老子》版本没有流传下来，一种可能是《老子》在流传过程中经过后人整理、改动，含有"道心""人心"的相关文字被删除，其中就包括"人心之危，道心之微"这句话。

有人也许会认为《老子》在汉代才被尊为"经"，那是目前能够看到的材料有限的缘故。《庄子·天运》中《诗》《书》《礼》《乐》《易》《春秋》被称为"六经"，《墨子》中有以"经"命名的《经上》篇和《经下》篇，说明战国时期各家各派的重要著作被尊为"经"是很正常的。《老子》在战国时期被尊为"经"就不足为奇了。

其实，从我们对于老子心灵学说的讨论来看，老子的"道心"虽然是天然的、生而就有的，但是，是稚嫩柔弱、幽微易失的，可以用"微"来概括之；老子的"人心"虽然是后天的、人为的，但是，是野蛮逞强、强大有害的，可以用"危"来概括之。《老子》中本有荀子所引用的"人心之危，道心之微"是可以解释的、合理的。

这样的话，伪古文《尚书》中的"人心惟危，道心惟微"（伪古文《尚书·大禹谟》）就是直接袭自《老子》。无论如何，"人心惟危，道心惟微"都不是儒家的独创。因为伪古文《尚书》没有把"道"作为重要的范畴加以讨论，更没有把道看作最高范畴、宇宙本原。而后世儒家围绕"人心惟危，道心惟微；惟精惟一，允执厥中"（伪古文《尚书·大禹谟》）所作的诸多讨论，看似是对儒家自

下卷 《老子》的思想世界

身思想的解读，实质上都是对老子"人心之危，道心之微"的儒家式的解读。

由以上可以看出，从老子的心灵学说来看，心有"道心"与"人心"之分别，其中，"道心"是天然的、自足的，乃人之"本心"，"人心"是人为的、纵欲的，乃人之"妄心"。由于"心为人之精神状态与精神生活"①，不同的心灵决定不同的人生以及人生状态，就心灵的维度而言，拥有"道心"的人，乃"圣人"；失去"道心"而被"人心"所支配的人，乃"俗人"。"道心"所展示的既是心灵的、人生的自然状态，也是心灵的、人生的理想状态；"人心"所展示的则是心灵的、人生的人为造成的状态，也是心灵的、人生的迷茫状态。在道的指引下，从"人心"向"道心"回归的三条路径，也可以说是从心灵的、人生的迷茫状态通往理想状态的路径，其中，圣人起到关键性作用。

---

① 罗安宪：《虚静与逍遥——道家心性论研究》，人民出版社2005年版，第129页。

后 记

　　此书的写作很偶然。"《老子》注译"部分花费了我太多的精力，在注译《老子》的过程中我不止一次想放弃。性格的原因，还是坚持了下来。

　　研究《老子》需要缘分，也需要毅力；感觉很累，也乐在其中。读硕以来，跟《老子》打交道三十余年了，以这样一本书结束我对《老子》的系统研究，与其说是偶然的，不如说是必然的。从此以后，我不再写关于《老子》的著作了。

　　写此书之前，我就先写好了后记，书写到一半左右，我把写好的后记删了。那个被我删掉的后记也许更真实。

　　书稿放在手上久了，就有焦急的感觉，于是决定将其送交出版社。

　　此书的出版，得到了安徽师范大学出版社总编辑戴兆国先生的帮助，谨致谢意。

　　书稿送到出版社后，我还在不断地修改，这给责任编辑陈贻云女士带来了很多麻烦。我要向陈女士说声抱歉。陈女士还是我的另一本书《先秦儒家的人性世界》的责任编辑，在此一并致谢。

写于 2021 年 3 月 19 日下午
改于 2022 年 4 月 8 日晚